Arthur Fitger

Denkmale der Geschichte und Kunst der freien Hansestadt

Bremen

Arthur Fitger

Denkmale der Geschichte und Kunst der freien Hansestadt Bremen

ISBN/EAN: 9783743317888

Hergestellt in Europa, USA, Kanada, Australien, Japan

Cover: Foto ©ninafisch / pixelio.de

Manufactured and distributed by brebook publishing software
(www.brebook.com)

Arthur Fitger

Denkmale der Geschichte und Kunst der freien Hansestadt

Bremen

DENKMALE

DER

GESCHICHTE UND KUNST

DER FREIEN HANSESTADT

BREMEN.

Herausgegeben

von der

Historischen Gesellschaft des Künstlervereins.

DRITTE ABTHEILUNG.

DIE BREMISCHEN KIRCHEN.

BREMEN.
VERLAG VON C. ED. MÜLLER.
1876.

ERSTER THEIL:

DER DOM ZU BREMEN

VON

A. FITGER.

(Mit einem Farbendruck, einem Stahlstich und sechs photolithographischen Tafeln.)

DEM HOHEN SENATE

DER FREIEN HANSESTADT BREMEN.

DER DOM.

(1874.)

Inhalt.

Verzeichniss der Abbildungen.

Vorwort.

Beschleichen mannichfache Sorgen schon ohnehin den Autor, der die Früchte seiner mühevollen Einsamkeit dem Publikum darzubringen genöthigt wird, so verdoppeln sie sich mir heute, indem ich nachstehende Blätter veröffentliche, in drohendster Weise. Nicht Historiker, ja nicht einmal überhaupt Schriftsteller von Fach, wage ich mich auf das schwierige Gebiet einer kultur- und kunstgeschichtlichen Darstellung, einer Darstellung, zu der die Quellen eben reich genug fliessen, um jeden willkürlichen Flug der Phantasie zu hemmen, und doch zu arm, um die Schritte der Forschung immer sicher zu leiten.

Als von der historischen Gesellschaft des Künstlervereins der ehrenvolle Auftrag, die Baugeschichte unseres Domes zu schreiben, an mich erging, glaubte ich diesem Auftrage mich ebensowenig entziehen zu dürfen, wie der Soldat dem Befehl seines Oberen; gleichviel, ob dieser ihn zum Siege oder zum Tode führt. Er muss die beste Kraft anspannen und thun, was er vermag, unbekümmert um den Erfolg für seine Person. In diesem Sinne, das darf ich mit redlichem Gefühl bekennen, bin ich an die Arbeit gegangen. Aber auch herzliche Neigung zog mich zu ihr. Der Dom zu Bremen, dem meine früheste Kindheit die ersten künstlerischen Eindrücke verdankt, in dem ich in späteren Jahren den ehrwürdigen Zeugen des Aufblühens einer edlen, freien Stadt erkennen lernte, in dem ich heute wie in einer steinernen Chronik mit mächtiger Lapidarschrift Spuren aus fast jeder Periode deutschen Kulturlebens verzeichnet finde, er ist im Laufe der Zeit mir ein vertrauter Freund geworden. Und indem ich versuchte, die Geschichte seines wechselvollen Daseins zu schreiben, hoffte ich zu den zahlreichen alten Freunden, die er schon besitzt, ihm noch neue zuwerben zu können. Er bedarf deren in der nächsten Zeit im hohen Grade; denn die Ehre der Domgemeinde und die Ehre unserer ganzen Stadt wird nicht den ruinenhaften Anblick, den der eingestürzte Südthurm jetzt darbeut, auf die Dauer ertragen wollen, sondern eine Bauthätigkeit in grossartigem Massstabe zur Tilgung der Katastrophe von 1638 herbeiführen. Ein so bedeutendes Werk wie der Wiederaufbau des Thurmes kann nur dann gedeihen, wenn es auf der Theilnahme der Gesammtheit basirt. Möge meine Arbeit zur Erregung solcher Theilnahme in bescheidenem Masse mitwirken!

Trotz allen guten Willens aber hätte ich an meinem Unternehmen verzweifeln müssen und einsehen, dass die Lösung meiner Aufgabe, so ungenügend sie immerhin ausgefallen sein mag, mir völlig unmöglich sei, hätten nicht bewährte Freunde mir helfend und berathend zur

Seite gestanden. Vor allen Dingen habe ich hier der Monographie über den Dom zu Bremen von Dr. Herm. Alex. Müller zu erwähnen. Das Büchlein ist mir geradezu ein Ariadne-Faden durch die Labyrinthe unseres Baues gewesen. Und indem ich, den Rahmen der Müller'schen Darstellung erweiternd, einen allgemeineren historischen Hintergrund, ohne welchen mir die Geschichte des Baues immer leblos und abstract scheinen wollte, in meinen Aufsatz mit hereinzog, durfte ich mich auf die Fachkenntniss der Herren Senator Dr. Ehmck und Archivar Dr. von Bippen stützen, welchen beiden Herren ich hier abermals meinen wärmsten Dank auszusprechen nicht unterlassen darf.

Die Farbendrucktafel, welche unter Zugrundelegung älterer Abbildungen den Dom vor den Unfällen des siebenzehnten Jahrhunderts darstellt, ist nach einem Aquarell des Herrn Malers C. Junghaus gefertigt. Die photolithographischen Blätter sind aus dem Atelier des Herrn L. O. Grienwaldt hervorgegangen und werden sich gewiss durch die Meisterschaft, mit der die technischen Schwierigkeiten, die Ungunst des Lichtes und die Unbequemlichkeit der Standpunkte überwunden ist, den Dank der Kunstfreunde erwerben.

Von Rechtfertigungsversuchen mancher Einzelheiten meiner Arbeit sehe ich, soweit sie nicht allenfalls in den Anmerkungen beigegeben sind, ab; denn was sich nicht an sich rechtfertigt, wird auch schwerlich durch ein Vorwort zu rechtfertigen sein. Dass es mir mehr auf eine populäre Erzählung als auf eine wissenschaftliche Abhandlung für den Fachmann ankam, wird der erste Blick lehren. Ein Büchlein, das die naheliegende Gefahr, dem Fachmanne oberflächlich und dem allgemeinen Publikum langweilig zu sein, glücklich vermiede, würde dem Ideal entsprechen, das mir bei meiner Arbeit vorschwebte. Diesem nahe gekommen zu sein, darf ich nicht hoffen; ich werde es schon für reichen Gewinn achten, wenn ich nicht ganz und gar ihm fern geblieben bin.

BREMEN, October 1876.

A. Fitger.

Das Christenthum in Niedersachsen.

Dem Christenthume wohnt im Gegensatz zu allen anderen ihm vorausgegangenen Religionen die bewusste Tendenz inne, sich auszubreiten, alle Völker, gleichviel, welche Bedingnisse für ihr politisches und sociales Leben sonst massgebend sein mögen, in einer Universalreligion zu vereinigen. Die Heiden erkannten neben den eigenen die Götter der fremden Völker als Götter an; die Christen in der Ueberzeugung, den allein selig machenden Glauben zu haben, mussten sich angetrieben fühlen, aller Welt zum Genusse dieser Seligkeit zu helfen. So beginnt das Christenthum, während die Bestien der römischen Amphitheater und die Knechte der Richtplätze mit allen erdenklichen Qualen drohen, seine Propaganda. Und trotzdem, dass bei ihm Nichts zu finden ist, was die alte Welt begeistert hatte, kein Ruhm, keine Sinnenlust, kein Gold, trotzdem wächst die Gemeinde von Jahr zu Jahr, und die verachtete Religion jüdischer Fischer und Zöllner nimmt Platz auf dem Throne der Cäsaren.

Nicht so leicht, als die von dem Scharfsinn antiker Philosophen schon längst zersetzte Götterwelt des Olymp, waren die deutschen Bewohner von Asgard zu überwinden. Standen dem Christenthume an den Küsten des Mittelmeeres vielmehr sociale als religiöse Schwierigkeiten entgegen, so trat ihm in Deutschland als gewaltiger Feind die trotzige Freiheitsliebe unserer Altvorderen und ihre heiligste Glaubensüberzeugung gegenüber. In dem alten römischen Reiche war die Bekehrung zum Christenthume ein Wechsel der Weltanschauung, der allenfalls noch kleine Unbequemlichkeiten, vielleicht Sklavenemanzipation oder dgl. mit sich brachte, im übrigen aber die politischen Verhältnisse unverändert liess. In Deutschland war am Ausgange des achten Jahrhunderts die Unterwerfung unter die Taufe nicht nur Verrath an dem Glauben der Väter, sondern auch Unterwerfung unter das fränkische Scepter. Wie jeder Religionskrieg, so war auch der Krieg Karls des Grossen gegen die Sachsen mit politischen Motiven auf das engste verknüpft; und die Kirchen, die der gewaltige Kaiser in der Heimath Wittekinds gründete, waren vorgeschobene Festungswerke, von denen aus sowohl die Interessen der christlichen Religion wie der fränkischen Herrschaft verfochten werden sollen. Beides hing untrennbar zusammen; nicht die äusserliche Opportunität allein; der innerliche, idealistische Glaube an seine Sendung verschmolz in der Seele Karls die beiden, an sich einander so fremden Elemente.

Bremen war vermuthlich schon zu Karls Zeit ein ansehnlicher Ort; keine Stadt in eigentlichem Sinne, denn solche gab es in Niedersachsen überhaupt nicht; aber doch wohl weit und

1

breit der bedeutendste Sammelplatz für die Anwohner. Hier sollte der kühne Gedanke, eine christliche Kirche zu gründen, ausgeführt werden.

Zwar bedrohte den exponirten Posten ringsum die feindliche Uebermacht. Von leidenschaftlichem Nationalhass aufgeregt, im zähen Festhalten an dem ehrwürdigen Glauben der Väter, misstrauisch gegen die neue Lehre, und um noch obendrein in dem dumpfen Gefühl, einen Verzweiflungs-kampf mit sicherer Niederlage zu kämpfen, so standen die Sachsen da, als die ersten Glaubensboten zu ihnen kamen. Karl musste erwarten, dass seine Schöpfung mehr als einmal in Frage gestellt, vielleicht sogar zu Zeiten ganz wieder niedergetreten werden würde. Ebenso wenig konnte der Mann, der es wagen wollte, den Gedanken des Kaisers zur That zu machen, sich schmeichelnder Selbsttäuschung hingeben. Aber Karl und Willehad legten getrost Hand ans Werk. Die expansive Tendenz der christlichen Kirche liess keinem Gedanken an die Möglichkeit des Fehlschlagens Raum. Und am Ende — was hiess für einen Mann wie Willehad, der zwar Leib und Leben aufs Spiel setzte, das Wort Gefahr? Die konnte ihn nicht schrecken; denn je näher die Gefahr, desto näher auch die Märtyrkrone. Mit Sehnsucht harrte der Bekehrer auf den heidnischen Keulenschlag, der ihm zwar den irdischen Schädel zerschmettern, aber auch die Pforten des Paradieses entriegeln sollte. War aber einmal das Werk soweit gediehen, dass man für seine Existenz nicht mehr zu zittern brauchte, welche glänzende Aussicht bot sich alsdann? Die blühende Pflanzung am Weserstrom musste neuen Samen unterstreuen; das segelnde Schiff sollte ihn nach Norden, der wandernde Kaufmann nach Osten weiter führen, in ungemessene Fernen mussten sich von hieraus die Saaten verbreiten. Eine neue Welt musste dem Christenthume gewonnen werden, wenn der Ort zwischen der Weser und der Balge hielt, was sich Karl und Willehad von ihm versprachen.

Mit jenem begeisterten Todesmuth, der die Bürgschaft des Sieges in sich trägt, zog Willehad im Jahre 788 von Speyer fort an die Weser, deren Ufer fortan der Schauplatz seiner Wirksamkeit werden sollten. Rastlos predigend war er bisher durch die Gauen der Friesen und Sachsen und der überelbischen Völker gezogen; viele seiner Brüder hatte er die Märtyrkrone gewinnen sehen, schwere Misshandlung hätte beinahe ihn selbst dieses Ruhmes theilhaftig gemacht; nach Rom zum heiligen Vater Adrian war er gepilgert, dann hatte er in Gallien am Grabe des heiligen Willebrord in einem beschaulichen Leben von der Mühsal seines Apostelthums sich erholt; nun hatte ihn Karl zum Bischof über Bremen gesetzt. Eine köstliche Urkunde, von dem grossen Kaiser selbst unterzeichnet und besiegelt, vom Erzbischof Hildibald von Köln contrasignirt, soll er mitgebracht haben; darinnen waren die Grünzen seines Bisthums, welches ein Suffragan-Bisthum von Köln war, genau bezeichnet.*)

*) Adam v. B. theilt eine solche Urkunde mit; indessen unterlassen wir es, sie hierher zu setzen, weil sie ihrem Wortlaute nach jedenfalls, wahrscheinlich auch ihrem Sinne nach gefälscht ist. Solche Urkundenfälschung wurde namentlich vor der Zeit des grossen Adalbert systematisch betrieben, um Handhaben für die Idee eines nordischen Patriarchates zu gewinnen.

Der Bau Willehads.

Die nächste Arbeit war der Bau einer Kirche. Nicht innerhalb des Ortes wählte Willehad den Platz für seinen Bau, sondern ein paar hundert Schritte davon entfernt auf einer Haide, deren Sand in Urzeiten von Fluth und Wind aufgethürmt, nunmehr höher lag als das gewöhnliche Ueberschwemmungsgebiet der Weser.

Nun begann auf der Düne ein reges, fremdartiges Leben. Brombeerranken und Gestrüpp wurden gerodet von den geschorenen Brüdern; die neu getauften Männer führten mächtige Eichenstämme heran aus den nächsten Forsten, vielleicht sogar aus altheiligen Opferhainen; denn die klugen Bekehrer liebten es, die Heiligthümer des neuen Gottes gleichsam als siegreich triumphirend über den Heiligthümern des untergehenden Heidenthums zu errichten.[*]) Gern schlugen sie ihre Kapelle auf über einem zauberberühmten Born, unter einem heiligen Baum. Und wenn auch unser Niedersachsen mit Feuer und Schwert für die Religion der Liebe und Milde gewonnen wurde, so hat doch gewiss auch ein gütliches Compromiss der neuen Prediger mit dem alten Aberglauben das Seinige gethan, den hohen ethischen Gedanken wie den räthselhaften Dogmen des Christenthums Eingang zu verschaffen. Manch geheimen Fluch und Zauberspruch mögen unsere Altahnen noch zwischen die Zähne gemurrt haben, wenn auf grundlosen Marschwegen oder im rieselnden Sande der Geest das unbehülfliche Fuhrwerk mit den Balken und Pfeilern für das zu erbauende Gotteshaus einherkeuchte; aber die Scheu vor dem fremden Bischof, vor seinem sieggekrönten Schirmherrn Karl und vor seinem geheimnissvollen Gotte war doch zu mächtig, als dass man sich der angewohnten Frohne zu entziehen gewagt hätte. Und der Bau wuchs unter den Händen der Mönche, welche noch, wie die Träger geistlicher Cultur waren, auch in allem technischen Können den Laien voranstanden, ein Ruhm, den sie sich bis zum Ausgange der romanischen Periode zu wahren wussten. Am Sonntag, den 1. November 789 weihte Willehad das erste christliche Gotteshaus zu Bremen dem Herrn Jesu Christo „sub invocatione Petri"; d. h. Petrus, der Apostelfürst, wurde gebeten, die Kirche in seinen ganz speciellen Schutz zu nehmen.

Ob schon damals Glockenklang über die deichlosen Schilfdickichte der Weser mit feierlicher Stimme die Gläubigen aus ihren schwarzen, pferdekopfgezierten Hütten zum Feste ge-

---

*) Vom Erzbischof Unwan berichtet Adam später solches ausdrücklich.

1*

laden, ist nicht überliefert und kaum wahrscheinlich, da der Gebrauch der Glocken (obwohl in Italien und Frankreich längst üblich) in Deutschland erst im 11. Jahrhundert ganz allgemein wurde.

Ueber Gestalt und Bauart des jungen Domes fehlt uns natürlich jegliche Angabe. Anschar, der ihn zwar nicht mit eigenen Augen gesehen, nennt ihn ein Gotteshaus von wunderbarer Schönheit. Doch dürfen wir das Wort nicht in unserem ästhetischen Sinne auffassen; der eifrige Mann Gottes wollte mehr die geistige Bedeutung, als die formale Erscheinung preisen. Inmitten der halbheidnischen Wildniss war ihm eben die Stätte lieblich, wo der Herr wohnte; gleichviel, ob diese Stätte nach künstlerischen Begriffen schön war oder nicht. Andererseits müssen wir uns aber doch auch hüten, den ästhetischen Werth des Baues gar zu niedrig anzuschlagen. Fünfzehn Monate lang wurde daran gebaut; wäre der erste Bau eine blosse Blockkirche gewesen, so hätten wohl fünfzehn Tage beinahe ausgereicht, eine solche unter Dach zu bringen. Wir greifen gewiss nicht ganz fehl, wenn wir zur Unterstützung unserer Phantasie jene noch heute erhaltenen scandinavischen Holz-Dome aus dem 11. und 12. Jahrhundert zu Hülfe nehmen; denn zur Zeit Karls des Grossen standen alle Künste auf eine weit höheren Stufe als in der nächsten Folgezeit; Byzanz, die hohe Schule für Alles, was Technik hiess, glänzte noch in einem matten Wiederschein der erloschenen Antike.

Die ganze Epoche war noch von einem hohen Schönheitsgefühl belebt, das sich sowohl im Styl der Historiker wie in den Initialen und Miniaturen ihrer Abschreiber bekundet, und wir haben keinen Grund, uns den Bau, dem Karl zu besonderer Zierde noch Schätze, und zwar sehr reiche Schätze verlieh, so ganz und gar primitiv zu denken. Ein vergoldetes, silbernes Kreuz, ein kaiserliches Prachtgewand, ein silbernes, mit vergoldetem Bildwerk geschmücktes Fläschchen (für Sallöl oder Abendmahlswein), und vollends ein auf das Köstlichste mit goldener Schrift und gemalten Initialen ausgestatteter Psalter hätten schwerlich in eine Blockkirche gepasst. Bescheiden allerdings müssen wir uns unser erstes Gotteshaus dennoch vorstellen, klein, nur mit Lichtöffnungen statt mit Glasfenstern versehen, ohne bildnerischen Schmuck ausser etwa einiger roher Blattformen an Kapitälen und Gebälk; wir dürfen kaum eine consequent aus der Natur des Materials entwickelte Holzarchitectur uns denken, vielmehr allerlei Anklänge an Formen und Constructionen, die sich nur in Stein völlig aussprechen.

Willehad genoss nicht lange der Freude, in seinem selbsterbauten Kirchlein Messe zu lesen und zu taufen. Wenige Tage nach der Weihung zogen die Bilder trauernd mit dem Leichnam ihres Meisters von der Wesermündung stromaufwärts. In Blexen, wo der nimmermüde Greis gleichfalls ein Heiligthum errichtet hatte, war er gestorben am 10. November 789. Sein Leib ward in der Bremer Kirche beigesetzt.

Der Tod des allverehrten und allgefürchteten Mannes scheint das junge Christenthum wieder heftigen Stürmen und Gefahren ausgesetzt zu haben. Dem Willehad beugten sich wohl die starken Knie der Sachsen und Friesen, nicht aber dem ersten besten Nachfolger im Episcopat. Das geistliche Joch mit Frohn und Zehnten war den störrischen Mannen an der Weser noch viel zu ungewohnt; von dem Geiste des Christenthums aber, oder auch nur von seinen Cultusformen war ihnen noch viel zu wenig in Fleisch und Blut übergegangen. Der Wodansdienst zählte noch Tausende von offenkundigen Anhängern, die sich gegen Karls Schwert und das Weihwasser der Mönche, bis auf's Blut vertheidigten; an den Opferfesten und den leckeren Rossfleischmahlen nahmen auch, trotzdem die Mönche alles aufboten, das Rossfleisch als widerlich und seinen Genuss als sündhaft darzustellen, die Bekehrten noch immer gerne heimlichen Antheil. Das Christenthum lag nur wie eine dünne Decke über einer längst noch nicht ganz gelöschten Glut, und es bedurfte nur geringer Anstösse, die alten Flammen wieder aufzujagen. Zwölf Jahre lang blieb der bischöfliche Stuhl von Bremen unbesetzt, weil Willerich, der zwar als Willehads Nachfolger ordinirt war, es nicht wagen durfte, seine Rechte geltend zu machen. Er scheint sich in diesem Zeitraum kaum in seiner Diöcese aufgehalten zu haben; vielleicht haben selbst die Mönche ihr Blockhaus neben dem Dom des heiligen Petrus meiden müssen, so dass die ganze Ansiedelung verödet lag und Haide und Brombeeren wiederum ungehemmt um die Grabstätte Willehads aufwuchern durften. Von offenbaren Feindseligkeiten der Heidenleute gegen die Geschorenen berichtet Adam, die hauptsächlichste Quelle für diese Zeit, Nichts, auch die vita S. Anscharii und die vita S. Rimberti erwähnen Nichts dergleichen; die Lage scheint nur unheimlich und drohend gewesen zu sein. Vielleicht aber auch, dass die Heiden, die jetzt gewiss die Oberhand hatten, sich durch Zerstörung des unbewohnten Gotteshauses für die Zerstörung ihrer Heiligthümer rächten.

Der Bau Willerichs.

Jedenfalls baute Willerich, als er nach zwölfjähriger Vacanz den Stuhl Willehads bestieg, einen völlig neuen Dom. Baufällig wird die erste Kirche in so kurzer Frist schwerlich geworden sein; dagegen spricht wieder jene fünfzehnmonatliche Arbeitszeit, noch weniger kann blosse Baulust das Werk veranlasst haben; denn von Pracht und Luxus konnte nicht die Rede sein, solange es an der nothwendigsten Sicherheit des Daseins gebrach. Willerich führte seinen Neubau in Stein auf. Sei es nun, dass das alte Holzkirchlein von aufrührerischen Heiden zerstört war, sei es, dass der Bischof es angemessen hielt, solcher Zerstörung, die ihn noch täglich bedrohen konnte, zuvor zu kommen, und selbst den Holzbau niederriss, um einen steinernen, widerstandsfähigeren an seine Stelle zu setzen, für uns gleich viel; Beides wirft dasselbe charakteristische Licht auf Willerich und seine Umgebung. Ein feuersicherer, nöthigenfalls mit Wehr und Waffen zu vertheidigender Bau war um so nothwendiger, als unser den eigenen feindseligen Landsleuten auch die Nordmänner ihre seeräuberischen Angriffe frech und frecher wagten. Denn Karl der Grosse hatte eine der ersten Lebensbedingungen für sein grosses Reich nicht erkannt, oder nicht ins Leben rufen können. Er hatte keine Flotte geschaffen. Sein unseliger Sohn aber lag viel zu tief in händlichen Wirrnissen verstrickt, als dass er des Vaters Versäumniss hätte einholen können. Der Mangel einer Seemacht gab die Küsten und Surfane seines Reiches den rasch kommenden und rasch verschwindenden Abenteurern schutzlos preis. Adam berichtet ausdrücklich, dass man sagte, Willerich habe den Leichnam Willehads in einer neu (und wahrscheinlich eigens dafür) gebauten Kapelle beisetzen lassen aus Furcht, dass Seeräuber unseres Bekenners Leichnam wegen der wunderthätigen Wirksamkeit desselben hinwegzunehmen beabsichtigten.

Eben so wenig wie über den Holzbau Willehads wissen wir über den Steindom Willerichs. Wahrscheinlich war er aus den Findlingsblöcken der nächsten Haiden gefügt. Dieses rauhe, barbarische Material, das wir noch heute an den südlichen Thurm der Liebfrauenkirche verwendet sehen, liess noch weniger sich zu kunstgemässer Tectonik verwenden als Holz. Niedrige Wände, aus denen vielleicht hie und da noch ein ungefüger Block über die Schnurlinie hervorstarrte, mögen das rohe Schindeldach getragen, wenige enge Fenster schiesschartenartig das Licht hereingelassen haben in die schmucklose Apsis und das Langhaus, dessen Dachstuhl nach Art der alten Basiliken unverkleidet dem Auge sichtbar geblieben. Das kleine Kirchlein des Dorfes Warfleth, welches vom linken Weserdeich so alterthümlich und ernst auf den Vorüberfahrenden

niederschaut, kann, obgleich es aus wesentlich späterer Zeit stammt und schon durchaus Backsteinbau ist, uns vielleicht ein halb und halb ähnliches Bild unseres ältesten Steindomes geben. —
Ausser dem Dom baute Willerich noch zwei andere Kirchen in Bremen: die Gemeinde erscheint
also in plötzlichem Wachsthum. Seit die letzten verzweifelten Anstrengungen, sich der neuen Lehre
zu erwehren, ein so blutiges Ende genommen, konnten sich die Heiden nicht mehr der Ueberzeugung verschliessen, dass über ihre Götter die längst verheissene Dämmerung hereingebrochen,
dass dem Christenthum die Zukunft gehöre. Und je weniger Sachsnot und Thor sie vor dem Schwert
des allgewaltigen Karl hatten schirmen können, um so leidenschaftlicher mussten sie dem Heiland,
den Willerich predigte, zufallen. Vom Volke erlangte der umsichtige Bischof für seine Kirche
grosses Besitzthum an Ländereien, auch Karl hatte schon der Bremer Kirche ein „Almosen" von
hundert Hufen dargebracht. Diese günstigen Umstände benutzte Willerich, die Geistlichkeit zu
vermehren und wir dürfen uns das Kloster am Dom als eine vielbelebte Stätte geistlichen
Fleisses denken. Als heiligen Schatz sendete der junge Erzbischof von Hamburg, der Missionar
des Nordens, Ansehar, die Reliquien des heiligen Remigius, welche mit geziemender Ehre
bewahrt wurden. So konnte denn Willerich schon beruhigter als Willehad die Augen schliessen;
der neue Glaube war nicht mehr so ausschliesslich an seine einzige Person gebunden und ohne
Widerspruch bestieg sein Nachfolger Leuderich den Stuhl, da Willerich am vierten Mai 837 im
Dome bestattet ward. Leuderichs achtjähriges Episcopat bezeichnet für unsere Kirche eine Zeit
stillen Wachsens und Erstarkens, zumal über Bremen ein ganz eigener Glückstern zu walten
schien. Die Nordmannen zwangen die Friesen zum Tribut, belagerten Köln, machten den
kaiserlichen Palast in Aachen zu einem Stall für Pferde, steckten Hamburg in Brand, sodass die
junge Stadt völlig zu Grunde ging: die Kirche, das Kloster, die eifrig gesammelte Bibliothek
wurden vernichtet. Ansehar rettete ausser den Ueberresten der Heiligen kaum das nackte
Leben — und inmitten dieser Gräuel und Zerstörung blieb Bremen völlig verschont. Leuderich starb
am 27. Mai 845 und wurde im Dome bestattet; an dem Bau scheint er Nichts verändert zu haben.

Bei seinem grossartigen Nachfolger Ansehar dürfen wir leider hier nicht verweilen, zumal
wir im Verfolg dieser Blätter auf ihn zurückkommen müssen, sobald wir an die Kirche gelangen,
die den Namen dieses nordischen Apostels noch dem heutigen Geschlechte populär macht. Unter
Ansehars Krummstab wurde das Bisthum Bremen mit dem Erzbisthum Hamburg vereinigt. Wenn
man bei diesem rastlosen Manne, der unaufgesetzt taufend und predigend umherzog, überhaupt
von einem festen Wohnsitz reden darf, so müssen wir Bremen als solchen erkennen; denn das
kaum aus den Trümmern sich wieder erhebende Hamburg wird keine geeignete Stätte für die
Amtsthätigkeit eines Erzbischofes geboten haben. Seine Bauthätigkeit richtete sich vornehmlich
auf Klöster und Gasthäuser (d. h. Hospitäler); er achtete es seiner nicht unwürdig, die Kranken
in seinem Spital zu Bremen persönlich zu bedienen. Den Leichnam des heiligen Willehad brachte
Ansehar wieder uns der von Willerich erbauten Capelle in den Dom zurück, und bei dieser
Gelegenheit entspann sich der miarenkise Wettstreit zwischen dem Leichnam Willehads und dem
Leichnam des heiligen Alexander, welcher von beiden durch die herrlichsten Wunderthaten und
meisten Krankenheilungen die grösste Liebe der Gemeinde gewinnen möchte. Ansehar starb um
865 und ward am 3. Februar im Dome vor dem Altar der heiligen Mutter Maria beigesetzt.

Erzbischof Rimbert, Ansehars ebenbürtiger Nachfolger, (er starb 888) ist der erste Bischof, der nicht im Dome begraben wurde, sondern ausserhalb der Kirche im Osten, wie er selber es angeordnet hatte. Schwere und immer schwerere Zeiten brachen über das Erzbisthum herein. Erzbischof Hermann von Köln erhob Ansprüche auf Bremen als auf seine Suffragankirche, und der Kampf zweier Streiter, welcher als Gottesurtheil diese verworrene Rechtsfrage entscheiden sollte, fiel zu Bremens Nachtheil aus, ein Unglück, das noch auf Jahre hinaus den Bremern zu schaffen machte, bis der Bruder Otto's des Grossen, Erzbischof Bruno von Köln, feierlich auf alle ehemaligen Rechte an Bremen zu Gunsten Adaldags verzichtete.

Schlimmer als dieser Streit aber waren die räuberischen Züge der Ungarn, welche sich zu wiederholten Malen verheerend herein wälzten. Das boshafte, gelbe Heiden-Gesindel auf den mageren, struppigen Klappern verwüstete Alles, was an Cultur gemahnte; Kreuze wurden verstümmelt und verhöhnt, Kirchen in Brand gesteckt; unsere baumhohen blonden niedersächsischen Altherrn wurden mit Weiden geschnürt und in Gesellschaft wehrloser Pfaffen und Weiber von den kleinen schwarz-struppigen Teufeln wie Heerden weggetrieben. Aber ein grauenhaftes Wunder rächte die beleidigte Christenheit unserer Stadt. Ein plötzlich entstehender Sturm riss von dem halbverbrannten Dache des Domes die Schindeln und schmetterte sie wie ein feuriges Hagelschauer in die schiefen Angesichter der Ungläubigen, so dass sie von jähem Schrecken ergriffen, sich in die Weser stürzten oder von den Gefangenen, die durch dies himmlische Zeichen ermuthigt, ihre Bande brachen, gefangen genommen wurden.

Die Erzbischöfe Adalgar († 909, bestattet in der Michaelskirche, die er neben dem Dome aus Liebe zu seinem Lehrer über dessen Grabe errichtet hatte) Hoger († 915, bestattet in der Michaelskirche) Reginwart († 916) und Unni, der kühne Heidenbekehrer, der trotz seiner kümmerlich kleinen Gestalt von König Konrad des Erzbisthums würdiger erachtet wurde, als sein von Geistlichkeit und Volk bereits erwählter Gehilfe Leidrad und der anstatt des prangenden Propstes des Bremer Capitels den Stab erhielt — alle diese haben durch die zahllosen Stürme das Schifflein der Bremer Kirche mit fester Hand hindurch gesteuert. Heinrich des Ersten imponirende Machtfülle öffnete zwar dem glaubenseifrigen Unni wieder die Missionsstrasse nach Norden — er starb 936 zu Birka in Schweden und nur sein Haupt wurde von seinen trauernden Gefährten in die Michaelskirche nach Bremen gebracht; — aber wesentliche Erleichterung seiner Stellung wurde erst dem Erzbischof Adaldag durch die gewaltigen Siege des grossen Otto. Adaldag betrieb die nordische Mission mit glühendem Eifer; seine Jugend, seine Gelehrsamkeit, sein strenger Wandel gewannen ihm alle Herzen. Der Glanz der Bremer Kirche wuchs sichtbarlich; der Erzbischof geleitete den Kaiser auf seiner Römerfahrt und brachte nicht nur die höchst werthvollen Reliquien der Heiligen Cosmas und Damianus, sondern sogar einen gefangenen und abgesetzten Papst mit nach dem Norden heim. Drei Tagereisen weit zogen Angehörige und Nichtangehörige dem Rückkehrenden entgegen und begrüssten ihn mit Thränen der Freude. Er weihte für viele Orte, Transalbingiens Suffraganbischöfe und wir ahnen schon in dieser dämmernden Morgenröthe den vollen Sonnenglanz der Macht, welcher später den Stuhl Adalberts umstrahlte.

Die Zeit der sächsischen Kaiser, jene glorreichste und innerlich gesundeste Periode des deutschen Mittelalters, war vor allen andern befähigt und berufen, unserer Kirche zur raschen Blüthe zu helfen. Die Kaiser als Stammgenossen des niedersächsischen Volkes ertheilten ihm sowohl reale Begünstigung als ideale Hebung in reichem Masse. Das wichtigste aber waren die grossen Umwälzungen der scandinavischen Staaten. Adam berichtet wenig über die Beziehungen der Bremer Kirche zu den übrigen deutschen Bisthümern; von den Berührungen mit dem Norden erzählt er fast auf jeder Seite. Mag dies für den ersten Blick befremdlich erscheinen, so zeigt sich doch alsbald das Naturgemässe dieses Verhältnisses. Die grossen rheinischen Bischöfe, auf den Stätten alter Cultur thronend, ohne Veranlassung, missionarisch nach aussen zu wirken, wendeten ihre ganze Kraft den inneren Reichsangelegenheiten zu; Magdeburg, die junge Pflanzung Ottos des Grossen, und Bamberg, Heinrichs des Zweiten Pflegling, hatten die Aufgabe, den slavischen Osten zu bekehren; Bremen-Hamburg war auf den Norden gerichtet. Rastlos zogen die kühnen Prediger hinaus zu den wilden Seekönigen; begierig strebten sie nach der Märtyrerkrone, die auch in der That so vielen von ihnen zu Theil ward, dass König Swen dem Adam sagen konnte, sein Reich zähle Märtyrer genug, um mit ihren Namen ein Buch zu füllen.*) Jemehr das Christenthum im Norden zum Siege gelangte, desto grösser wuchs das Ansehen der Kirche, von der solch Heil ausging. Das Volk erzählte sich unheimliche Abenteuer und Wunder, in denen sich die Gewalt der Glaubensfürsten über das Naturgesetz offenbare. So soll Erzbischof Libentius, der vor räuberischen Ascomannen (Schiffsmännern) den Schatz der Bremer Kirche nach Bücken flüchten musste, und statt anderer Waffen die wilden Schaaren mit dem Schwerte des Bannfluchs bekämpfte, solch übermenschliche Macht mit seinem Fluche ausgefüllt haben, dass einer jener Frevler, der nach Jahren in Norwegen starb, siebenzig Jahre lang unverwest im Grabe habe liegen müssen, bis ihm endlich durch die Absolution des Bischofs Adalwart, die naturgemässe Auflösung zu Theil geworden. Dergleichen Sagen mussten die Verehrung des Volkes in hohem Grade nähren, während das Uebergewicht, dass der gebildete Mann allemal in der roheren Umgebung besitzt, die Fürsten und Häuptlinge enge an die Priester knüpfte. Unsere Erzbischöfe waren in mehr als einem Falle die geistlichen Berather der trotzigen Inselfürsten und bald wussten sie aus der blossen Opportunität mit echt clericalem Sinne eine Art Rechtsverhältniss herzuleiten. Sie betrachteten sich zur Oberleitung des Christenthums im Norden vor anderen berufen, weil sie für dessen Ausbreitung vor anderen gesorgt hatten; und Adalberts hochfliegender Traum von einem nordischen Patriarchat scheint schon die Seelen seiner Vorgänger umspielt zu haben. So ergrimmte z. B. Erzbischof Unwan heftig, als der Dänenkönig Chnut aus dem eroberten England Bischöfe mit nach Dänemark brachte; ja er soll den Bischof Gerbrand sogar, weil von einem britischen Bischof ordinirt, festgenommen und erst wieder entlassen haben, nachdem Gerbrand den Ansprüchen des Hamburger Stuhles die schuldige Unterthänigkeit gelobt. Ein gleiches Verfahren wird später auch von Adalbert berichtet.

England, das einzige Land, welches unserer Diöcese die kirchliche Hegemonie im Norden hätte streitig machen können, lag schwer darnieder unter der dänischen und hernach der normannischen Eroberung und die Heimath des Winfried und Gallus, welcher rheinaufwärts bis zu den Alpen alles Volk das Christenthum dankte, die Heimath des Willehad, des Stifters unserer eigenen Kirche, hatte in dieser unseligen Zeit kaum einen Missionar in die benachbarten scandinavischen Reiche zu entsenden gehabt; und als König Chnut selbstständig in seinen Landen die Bischofstühle besetzen wollte, durfte ihm mit dauerndem Erfolg der Bremer Erzbischof entgegen-

---

*) Adam v. B. II. 61.

treten. Der Norden war also recht eigentlich der nährende Boden der Bremer Kirche, hier fand sie die Elemente ihres Wachsthums vereinigt: Kampf und Mühe, sie vor Trägheit zu schützen, Rohheit und Aberglauben, ihr das geistige Uebergewicht und den Glauben an ihre Sendung zu wahren, dankbares Entgegenkommen, sie zu immer neuen Anstrengungen fröhlich anzufeuern. Daneben hatte sie kraft ihrer Stellung im deutschen Reiche den Vortheil, dass sie in ihrem Kern von den allzuheftigen Wirrnissen der nordischen Gährungen nicht angetastet werden konnte. Einzelne Seeräuberangriffe konnten sie nicht mehr wie früher bis ins Lebensmark treffen. Sie hatte zwar immer noch viel zu leiden; aber ihre Widerstandskraft war doch erstarkt, und als der an der Hadeler Küste gestrandete König Swen der Jüngere dort wie ein Seeräuber hauste und plünderte, nahmen ihn einige Ritter des Erzbischofes Bezelin gefangen und schleppten ihn vor dessen Angesicht. Bezelin war freilich klug genug, diese Situation nicht weiter auszubeuten, sondern er entliess den wilden Gesellen königlich beschenkt und in bester Freundschaft — eine Mässigung, deren Früchte später dem Adalbert reichlich zu Gute kamen. — Während im Kampf mit dem nordischen Heidenthum die Kirche sichtlich erstarkte, war daheim der Sieg über die alten Götter längst vollständig erfochten; d. h. in offenkundiger Feindseligkeit wagte Niemand mehr, der priesterlichen Autorität entgegen zu treten. Zwar todt waren die alten Götter noch lange nicht, und wenn wir bis auf den heutigen Tag noch ihre Spuren in Haus- und Feldgebräuchen, am Spinnrocken, in der Milchkammer, beim Erndtewagen und bei der in die Frühlingswiesen hinausgetriebenen Heerde verfolgen können, so darf es uns nicht Wunder nehmen, dass damals noch die nur äusserlich und gewaltsam zurückgedrängten Anschauungen den neuen aufgedrungenen fast die Wage hielten. Erzbischof Unwan verordnete wohl die gründliche Ausrottung aller bei uns noch gebräuchlichen heidnischen Sitten, er liess die Haine, welche die Marschbewohner noch immer verehrend besuchten, niederhauen und davon durch den ganzen Sprengel Kirchen errichten, aber er täuschte sich, wenn er damit das Heidenthum ganz beseitigt zu haben dachte. Indessen nach aussen, für den oberflächlichen Blick der Sonne, dem die Geheimnisse der Nacht unzugänglich bleiben, war unser Volk ein gut christliches geworden. Herzerfreuende Beweise practischer Devotion wurden unseren Kirchenfürsten wiederholt zu Theil; namentlich war es die Gräfin Emma von Lesum, die Schwester des Bischofs Meinwerk von Paderborn, welche durch reiche Spenden an Ländereien für ihr Seelenheil zu sorgen wusste. Wie hoch diese edle Frau in Ansehen stand, erhellt daraus, dass der Dom ihr neben den hochverehrten, ja heiligen Erzbischöfen eine Grabstätte einräumte. Ihr hinterlassenes, an die Armen und die Kirche vertheiltes Vermögen war so bedeutend, dass die Kaiserin Gisela zu Ordnung gewisser Erbschaftsangelegenheiten eine Reise nach Bremen und Lesum unternahm, und wenn Erzbischof Bezelin dem gefangenen Dänenkönig durch die Pracht seiner Schätze imponirte, so wird er gewiss dem kaiserlichen Gaste eine würdige Herberge zu bereiten nicht versäumt haben.

So waren also alle Bedingungen für die endliche volle Aufblüthe unseres Domes im Laufe von zwei Jahrhunderten genügend gezeitigt, es bedurfte nur noch eines äusserlichen Anstosses, den rohen Steinbau Willerichs in ein künstlerisch gedachtes und ausgeführtes Werk zu verwandeln. Die Bauthätigkeit der Erzbischöfe war bisher eine geringe gewesen; Unwan liess in Bremen ausser der Veitskirche, die vor der Stadt neu errichtete,[*] die wahrscheinlich beim Hunnenüberfall

---

[*] d. h. vor der damaligen Stadt. Die ehemalige Veitskirche ist die heutige Kirche Unserer Lieben Frauen.

abgebrannte Capelle Willehads wieder aufbauen, Herimann, der musikalische Beschützer des Guido*) liess die Michaeliscapelle abbrechen und vielleicht schon in der Absicht, den Dom ganz umzubauen, die Leichen Adalgars, Hogers und Reginwards im Gotteshause bestatten; hie und da mag ausserdem noch etwa durch ein erzbischöfliches Grab eine unbedeutende bauliche Veränderung veranlasst sein; im Ganzen aber ragte Willerichs Dom als ein unzeitgemässes Monument barbarischer Verhältnisse in die künstlerisch gebildete Gegenwart hinein. Freude und Kraft zur Bauthätigkeit wuchs von Jahr zu Jahr; schon Herimann hatte die Fundamente zu bedeutenden Stadtmauern gelegt, welche sein baulustiger Nachfolger theilweise bis zur Zinnenkrönung aufsteigen sah. Das von Bezelin neuerbaute, steinerne Kloster, „ergötzlich von Ansehen", machte diesen Gegensatz alter, fast cyklopischer Structur gegen die verfeinerten Ansprüche der Neuzeit, doppelt fühlbar. Der äussere Anstoss zu einem Umbau liess denn nun auch nicht auf sich warten. Am 11. September 1043 brannte der Dom vollständig nieder. Adam fügt hinzu: Und diese Feuersbrunst verzehrte das Kloster samt den Werkstätten, die Stadt samt den Gebäuden vollständig und es blieb keine Spur des früheren Wohnortes übrig. Da ging der Schatz der heiligen Kirche, da die Bücher und die Gewande, da alle Zierrathen unter! Und dieser Schaden an Besitzthümern hätte noch leicht ersetzt werden können, hätten wir nur nicht noch grösseren Schaden an Sitten genommen. — — Gewiss nämlich ist, dass von jener Zeit an die Brüder, welche bisher ein kanonisches Leben geführt hatten, nunmehr aber ausserhalb des Klosters umherschweiften, die Regel der heiligen Väter, die bis dahin gar manches Jahrhundert eifrig beobachtet war, zuerst vernachlässigten, dann aber völlig verwarfen. Die Ursache des verheerenden Brandes ist unaufgeklärt; der Scholiast deutet einmal auf einen Act der Privatrache eines gewissen Esbo gegen seinen Oheim, der Propst des Domcapitels war; ein andermal weist er auf einen Streit Bezelins mit dem Bischof Bruno von Verden bedeutungsvoll hin; ja, die Erwähnung des plötzlichen, kläglichen Todes eines erzbischöflichen Vogtes und des Erzbischofes selbst scheint einen noch schlimmeren Verdacht gegen den Verdener halb entschleiern zu sollen.

In wie weit Adams Schmerzensruf betreffs der Sittlichkeit des nunmehr von der klösterlichen Zucht entbundenen, auf der Nachbarschaft gleichsam in Quartier liegenden Chorus berechtigt ist, müssen wir hier dahingestellt sein lassen; seine Klage über der Vernichtung der Bücher ist in einem Falle wenigstens übertrieben; denn jenes Psalterium, das erste Geschenk Karls des Grossen, hat sich bis zum Jahre 1533 im Besitze des Doms erhalten, dann kommt es in die Bibliothek Kaiser Leopold I, wieder zum Vorschein und ist bis auf den heutigen Tag in der Hofbibliothek zu Wien bewahrt**).

---

*) Die lange geltende Meinung, dieser Guido sei identisch mit dem berühmten Guido von Arezzo ist von Schumacher als irrig bewiesen. Brem. Jahrb. I. p 168. u. f.

**) Vermuthlich wurde es wie gleichfalls ein später zu erwähnendes Crucifix von Albrecht Dürer, vom Rathe dem Kaiser geschenkt, um dessen Wohlwollen für die Stadt inmitten ihrer vielen, kaiserlicher Entscheidung harrenden Streitigkeiten durch solche Gabe zu gewinnen. Brem. Jahrb. VI. LXXXVII.

Der Bau Beszelins und Adalberts.

Beszelin, durch die Kunde des Unglücks von einer Reise nach Friesland heimgerufen, entwarf sofort den Plan eines neuen Baues und zwar stand ihm, dem ehemaligen Canonicus von Köln, der Dom jener Stadt als Musterbild vor der Seele. Einen Augenblick müssen wir daher bei der Kölner Kathedrale verweilen. Der älteste Bau, im Jahre 873 von dem Erzbischof Willibert vollendet, ist normannischer Zerstörungswuth gänzlich zum Opfer gefallen; an seiner Statt errichtete Erzbischof Gero (969—976) eine langgestreckte, dreischiffige Pfeilerbasilika mit zwei Krypten und zwei Chören. Die Grösse dieses Baues entsprach der hohen Bedeutung Kölns. An jeder Seite spendeten im Unter- wie im Obergeschoss je zwölf Fenster das Licht; zwei Querschiffe und wahrscheinlich zwei denselben entsprechende achteckige Kuppeln über den Vierungen der Kreuze erweiterten den Bau in grossartiger Mannigfaltigkeit; zwei Glockenthürme, wenn auch nur hölzerne, ragten empor. Diesen Bau wollte Beszelin in Bremen wiederholen. „Dieses Kirchenfürsten Lebhaftigkeit und beharrlicher Eifer", schreibt Adam, „war so gross bei jeglichem Werke, besonders aber beim Bau des Gotteshauses, dass er wohl das ganze Werk zu Ende geführt haben würde, wenn ihm das Geschick ein längeres Leben beschieden hätte. So wurde allein in diesem Sommer, in dem doch der Bau erst begonnen war, nicht blos der Grund gelegt, sondern auch die Säulen (richtiger: Pfeiler) und deren Bögen nebst den Seitenmauern vollständig errichtet. Aber nach Verlauf des Winters, als das Osterfest schon nahe war, wanderte der glückselige Erzbischof von der Kirche Schaumbeck barfuss nach Bremen. Nachdem er dort unter vielen Thränen ein langes Gebet verrichtet hatte, empfahl er die Kirche Gott und seinen Heiligen. Und als er bereits vom Fieber berührt war, wurde er zu Schiffe nach der Probstei Bücken gebracht, wo er noch sieben Tage am Leben blieb. Unter unendlicher Wehklage aber der Folgenden und Entgegenkommenden wurde sein Leib auf der Weser nach Bremen gefahren und in der kaum gegründeten Kirche, an der Stelle wo der Hauptaltar gestanden hatte, neben dem Mausoleum des heiligen Vaters Willehad bestattet". Dieser rührende Bericht Adams durfte hier um so weniger übergangen werden, als mit dem Tode Beszelins die patriarchalische Zeit unseres Erzbisthums ihr Ende erreicht und nunmehr gewaltige Kämpfe, zunächst einer von fast internationaler Tragweite, hereinbrachen.

Denn jetzt bestieg Adalbert von Wettin den Stuhl. Die mächtige Persönlichkeit dieses Mannes, der neben den für Bremen-Hamburg traditionell gewordenen Beziehungen zum Norden auch die Angelegenheiten des deutschen Reiches mit nerviger Faust erfasste, der den titanischen Plan hegte und ins Leben zu rufen begann, ein grosses nordisches Patriarchat im Gegensatze zu dem des Papstes zu errichten, — diese Riesengestalt mit all' ihrer Kraft und ihren Schwächen, mit ihren Tugenden und Lastern und Leidenschaften ist in allgemeineren Geschichtswerken wie in Monographien so vielfach dargestellt, dass an dieser Stelle auf eine abermalige Schilderung verzichtet werden darf. Adalbert ist hier nur in seinen nächsten Verhältnissen zum Dombau zu betrachten; aber auch da schon erweist er sich als der kühne, in's Grossartige strebende Geist. Bezelins Anlage schien ihm zu gering; ein stolzeres Vorbild, der Dom von Benevent, stand vor Adalberts Phantasie. Wann Adalbert diesen Bau, ob er ihn überhaupt selbst mit Augen gesehen hat, ist ungewiss. Adalbert begleitete Heinrich III. auf jenem denkwürdigen Römerzuge, der von drei Päpsten den Stuhl Petri säuberte und den Bischof Suidger von Bamberg, den ehemaligen Stiftsgenossen Adalberts, hinaufhob. Als im Februar 1047 Kaiser und Papst von Capua nach Benevent aufbrachen, fanden sie die Thore der Stadt gesperrt, und Heinrich zog es vor, durch die Marken nach Rimini zu eilen, anstatt die feindselige Stadt zur Unterwerfung zu zwingen. Vielleicht haben irgend welche diplomatischen Verhandlungen dem gewaltten Cleriker die Thore der verschlossenen Stadt dennoch geöffnet, vielleicht hat Adalbert den Dom auch auf einer früheren Reise, vielleicht auch nur Zeichnungen und Pläne desselben gesehen. Für uns sind die Untersuchungen darüber um so gleichgültiger, als der Bau von Benevent etwa hundert Jahre nach Adalberts Zeit eine so völlige Veränderung erlitten hat, dass aus ihm keine Schlüsse mehr auf die Geschichte der Bremer Kathedrale gezogen werden können.

Adalbert wurde im Juli 1045*) zu Aachen in Gegenwart des Kaisers ordinirt; zwölf Bischöfe legten ihm segnend die Hand auf. Im ersten Jahre nach seiner feierlichen Inthronisirung vollzog er die festliche Grundlegung der Kirche zu Bremen; denn der veränderte und erweiterte Bauplan machte theilweise Niederreissung des Bezelinschen Werkes nöthig. Adalbert scheute nicht nur nicht diese, auch Bezelins stattlicher, sieben Stockwerke hoher Stadtmauerthurm, auch das noch im Bau begriffene oder kaum vollendete Capitelhaus, selbst die Stadtmauer musste fallen, um das Quader-Material für den Dom zu liefern. So in's Masslose trieb den leidenschaftlichen Mann seine Ungeduld. Die Erzbischöfe und die Billungischen Herzoge lebten in schlecht verhohlener Feindseligkeit mit einander, und Adalbert wagte, seine Stadtmauer anzutasten, um seinen Dom zu bauen, dasjenige Werk zu zerstören, auf dessen Existenz die Sicherheit des anderen beruhte. Das Material war schon schwierig zu beschaffen; noch schwieriger, die nöthigen baukundigen Geistlichen heranzuziehen; denn was Bezelin an Kräften zur Verfügung hatte, genügte dem Adalbert nicht. Indessen zauderndes Abwarten war seine Sache nicht, und auch diesem Mangel wusste er, vermuthlich mit Hülfe seiner Amtsbrüder von Osnabrück und Verden, abzuhelfen. Die Mauer der Kirche erhob sich. Im siebenten Jahre seit dem Anbeginne des Baues ward endlich das Gebäude gerichtet und der Hauptaltar der Maria geweiht. Den zweiten Altar am westlichen Chore beabsichtigte der Erzbischof dem alten Schutzpatron der Kirche, dem heiligen Petrus, zu widmen. Adalberts sturmbewegtes Leben war nicht darnach angethan, ein Friedenswerk in gemessener Ruhe seiner Vollendung entgegenzufördern. Er musste den Tag erleben, da

---

*) Wir führen dieses Datum als das gewöhnliche an, obgleich es nicht unbestritten feststeht.

ganz Bremen von den Sachsenherzogen in einem wüsten Schutthaufen verwandelt war, den Tag, da er, von Magnus Billung besiegt, bei einem erzwungenen Gastmahl in seinem eigenen Palatium von den betrunkenen, brüllenden Rittern verhöhnt, sich bitterlich weinend in den Betsaal schloss und Busspsalmen gen Himmel sendete. Erst in seinem vierundzwanzigsten Amtsjahre wurde die Kirche im Innern beputzt und die westliche Krypta dem heiligen Andreas geweiht. Vielleicht schloss sich an diese Beputzung eine malerische Ausschmückung al fresco eng an; Adalbert besoldete neben Luftspringern und Astrologen auch Maler an seinem Hofe; und das Bemalen der Wandflächen war in romanischen Kirchen durchaus üblich.*) Wenn man die weisse Kalktünche, die heute das Innere des ganzen Doms überzieht, abnehmen dürfte, würden sich gewiss noch Spuren alten Schmuckes finden, wie sie sich in Hildesheim und Goslar gefunden haben.

Bei dem Dunkel, das auf den Nachrichten der Chronisten über Bauthätigkeit lagert, ist nicht ersichtlich, ob Adalberts Bau in jenem vierundzwanzigsten Amtsjahre des Erzbischofes wirklich vollendet worden sei, und was allenfalls unter Vollendung zu verstehen. Der Dachstuhl war jedenfalls errichtet und viel wird nicht mehr zum gänzlichen Abschluss des Baues gefehlt haben.

So stand denn also zur Zeit unseres grössten Erzbischofes der Dom da als ein nicht unwürdiges äusserliches Symbol der grossen geistigen Tendenzen Adalberts. Eine langgestreckte, dreischiffige Pfeilerbasilika aus edlem Portastein, ein Werk, wie bis dahin östlich des Rheines kaum ein anderes erstanden war; an der Westfront von zwei gewaltigen, wenn gleich unvollendeten Thürmen flankirt, von zwei Chören, die sich über zwei mächtigen Krypten erhoben, nach Osten und Westen abgeschlossen. — So durfte der Dom wohl als Metropolitankirche des dereinstigen nördlichen Patriarchats seiner Bedeutung zu entsprechen scheinen. Neun Fenster an jeder Seite des Erdgeschosses, neun Fenster in jeder Oberwand des Mittelschiffes liessen Fülle des Lichtes hereinströmen. Die beiden schweren Portale unter den Thürmen und ein gleiches an der Umfassungsmauer des Nordschiffes öffneten dem Volke den grossartigen Raum.

Es handelt sich hier zunächst darum, festzustellen, welche Ueberreste von dem Bau Bezelins, und welche von dem Bau Adalberts unser Dom heute noch aufweist. Mit der allgemeinen Anordnung der Arkaden des Langhauses stimmt nicht die nördliche und südliche Arkade zunächst der heutigen Orgelempore. Diese Arkaden zeigen eine geringere Spannweite als die übrigen. In der unverjüngten Mauer über ihnen finden wir (nunmehr vermauerte) Fensteröffnungen, welche den übrigen, (in ihrer Anordnung wenigstens jetzt noch erhaltenen) Oberlichtern nicht entsprechen.

Hier treten demnach Spuren einer kleinlicheren Gesammtanlage hervor, Spuren, die unverkennbar auf Bezelin hinweisen. Adalbert fand also den westlichen Theil der Kirche von seinem Vorgänger bereits soweit gefördert, dass er von einem Abbruch absah, als er nach einem grossartigeren Plane zu bauen beschloss. Er liess diesen Theil unberührt; verschob aber auch seine Vollendung, wie daraus hervorgeht, dass er im westlichen Chor den Altar dem heiligen Petrus zu weihen „beabsichtigte." In diesem westlichen Theil ist auch die Krypta des heiligen Andreas mit inbegriffen. Die drei westlichen Gewölbejoche der Krypta werden getragen von primitiven, viereckigen Pfeilern. Diese stammen wahrscheinlich von Bezelin. Später wurden

*) Nicht blos ornamental, wie H. A. Müller meint, auch figürlicher Schmuck kommt in reichem Masse vor.

den Pfeilern Halbsäulen vorgelegt, während die übrigen Joche, die auch in der Wölbung eine fortgeschrittenere Zeit verrathen, auf runden Säulen mit schönen Kapitälern ruhen. Die Aenderung ist jüngeren Datums als die Krypta unter dem Ostaltare, welche die „alte" genannt*) wird. Ob Adalbert oder einer seiner Nachfolger den Umbau der Krypta veranlasst, ist nicht darzuthun, zumal ihr heutiger Zustand ein eingehendes Studium nicht nur höchst unerfreulich, sondern auch fast unmöglich macht. Denn dieser ehrwürdige Raum dient trotz dreissigjähriger Klagen der Forscher als Lagerkeller für Weinfässer und ist so dunkel und glitschig und verbaut mit Balken und Lattenwerk, ausserdem mit dicker Kalktünche so überschmiert, dass alle Detailformen kaum errathen — geschweige deutlich erkannt werden können. Einer gleichen Profanation unterliegt die Ostkrypta. An den Stätten, wo ehemals die Sarkophage der Erzbischöfe standen, liegen Rothweinfässer, volle Flaschenhorden bedecken die Wände. Es ist nicht zu bezweifeln, dass die Bauherren des Doms dieser Unwürdigkeit ein Ende machen würden, wenn irgend ein kirchliches Bedürfniss die Krypten wieder in Anspruch nähme. Ein solches Bedürfniss ist aber nicht vorhanden, und es ist kaum zu verlangen, dass die werthvollen Räume, nur um einem gelegentlich durchreisenden Freunden oder einem Kunstforscher die Besichtigung zu erleichtern, jahraus, jahrein leer stehen sollten.

Die Anlage der Ostkrypta der heiligen Maria müssen wir Adalbert zuschreiben; sie ist wesentlich bedeutender als die Westkrypta; die Gewölbe ihrer drei Schiffe ruhen auf je fünf Stützen, während in den Wänden Halbsäulen sie tragen. Diese zehn Stützen sind in sich wieder verschieden; nach Westen sind vier von ihnen quadratische Pfeiler, die übrigen sind runde Säulen mit Eckblättern an den Basen und Schachbrettfriesen über den Würfelkapitälern. Adalberts Bau scheint somit nicht intact geblieben, sondern später, vielleicht schon von Liemar verändert zu sein. Die Gränze zwischen der Bauthätigkeit Liemars und Adalberts ist noch verwischter als die zwischen den Leistungen Adalberts und Bezelins.

Leider verlässt uns mit dem Tode des um alle seine stolzen Hoffnungen betrogenen nordischen Patriarchen auch der Gewährsmann, dem wir in unserer Darstellung bisher fast ausschliesslich folgen durften. Adam hat den Adalbert nur um wenige Jahren überlebt; das Geschichtswerk, das er dessen Nachfolger Liemar widmete, hat aber seinen Namen unsterblich gemacht. Die treue, ungeschminkte Natur dieses Mannes, die Pietät seiner Aufzeichnungen, soweit sie das sozusagen heroische Zeitalter der Bremer Kirche, die strenge, sittliche Kritik, so weit sie seinen eigentlichen Helden Adalbert betreffen, erregen in uns noch heute den herzlichsten Antheil, wenn auch die Macht der Darstellung nicht der eines Lambert von Hersfeld ebenbürtig zu achten ist. Für die scandinavischen Ereignisse, die er sich grossentheils von jenem einstmals von Bezelin gefangenen König Swen berichten liess, ist er der späteren Geschichtsforschung fast die einzige Quelle geworden, und wir können nicht genug bedauern, dass er, ein Domherr des elften Jahrhunderts, das Christlich-Erbauliche so sehr auf Kosten heidnisch-mythologischer Momente betonen musste. Ein ganzer Schatz alter Göttermären wäre durch ihn noch zu retten gewesen; er liess ihn unbeachtet, wohl gar vermodert liegen. Aber, indem wir hier von dem bisherigen Geschichtschreiber unseres Domes scheiden, wollen wir lieber dankend dessen gedenken, was er

*) Brem. Urk.-B. I. Nr. 25.

gethan als fordernd an das erinnern, was er noch hätte thun können. Statt seiner sind wir jetzt angewiesen auf Albert von Stade, auf die dürftige historia Archiepiscoporum und ähnliche Quellen, die, so schätzenswerth sie sein mögen, unser Gemüth nicht entfernt so berühren wie der treffliche Adam.

Albert von Stade berichtet uns, dass Erzbischof Liemar im Jahre 1088 den Dom, weil er von einem Brand beschädigt gewesen, bis auf den Grund habe abtragen und dann gänzlich neu aufbauen lassen. Es ist hier nicht der Ort, das pro und contra der Kritik in seinen Einzelheiten dem Leser vorzuführen; aber eine so unglaubwürdige Nachricht, ohne alle weitere Beglaubigung anzunehmen, muthe man uns nicht zu. Sind die Brandnachrichten des Mittelalters ohnehin schon mit Vorsicht zu gebrauchen, wie viel mehr eine solche, die so sehr der Wahrscheinlichkeit entbehrt. Adalberts Dom war ein Quaderbau mit hölzerner Decke — angenommen, diese sei durch Brand gänzlich zerstört, angenommen, dass noch Baugerüste in der Kirche gestanden und gleichfalls in Flammen aufgehend, nicht nur dem Putz sondern den Mauern selbst erheblichen Schaden zugefügt, so ist durch solchen Schaden doch ein gänzliches Niederreissen nicht nothwendig gemacht, und Liemar hatte alle Ursache, sein völlig verarmtes Erzbisthum nicht abermals mit den Unkosten für einen neuen Dombau zu belasten. Das Capitelhaus, dessen grossartigen Umbau Adalbert versprochen hatte, war nicht wieder hergestellt; Die Brüder fuhren fort, sich mit ihrem heillosen Provisorium zu behelfen; der Schatz war verschleudert durch Adalberts Freigebigkeit, die, wenn sie dazu dienen sollte, die Patriarchatssitze zu fördern, keine Gränzen kannte. Liemar selbst war in zahlreiche Fehden verwickelt, die einer grossen Arbeit des Friedens nicht wohl günstig sein konnten. Wir haben also die Notiz des Albrecht von Stade in ihrem buchstäblichen Sinne durchaus abzulehnen. Liemar wird umfassende Restaurationen vorgenommen haben; vielleicht noch Aenderungen an den Höhenmassen der Mauern, welche das Dach trugen; vielleicht ist ein Weiterbau der Thürme, deren gänzliche Vollendung noch in weiten Felde, ihm zuzuschreiben. Ausserdem mögen, wie wir gesehen haben, etliche Neuerungen in der Ostkrypta durch ihn veranlasst sein.

Liemar, wie er in seiner unwandelbaren Treue gegen den König Adalberts würdiger Nachfolger war, übernahm auch die Patriarchatsidee als Erbschaft; freilich, um sie alsbald zu Grabe tragen zu müssen. Den Päpsten war Adalberts glühendes Streben unheimlich geworden, und ihnen lag es fern, an der Nordsee eine Rivalin der ewigen Stadt zu erziehen; auch der Stolz der nordischen Könige war nur zu oft durch den Stolz der bremischen Hierarchen verletzt; der geringste Anlass musste den Bruch herbeiführen; dieser fand sich nur zu bald. Liemar belegte den Dänenkönig Erich mit einer Kirchenstrafe; entrüstet wandte sich dieser an den Papst, sich einen eigenen Erzbischof zu erbitten, und Urban II. leistete diesem Gesuche sehr gerne Folge. Alsbald kamen die anderen skandinavischen Herrscher mit der gleichen Bitte, und mit jähem Schlage war die Bremer Kirche von ihrer Höhe herunter gestürzt. Sie, die einst herrlich vor allen geprangt hatte, wurde, seitdem das unermessliche nordische Hinterland sich von ihr losgesagt, der dürftigste Sprengel Deutschlands. Und nicht nur der Norden war unrettbar verloren; seit der grimmigen Heidenreaction von 1066 war auch im Osten Alles dahin; die kaum gebauten Kirchen waren wüste Trümmer ohne Priester und ohne Gemeinde, blutige Opferstätten für Radegasts Altar. Und, damit nach diesen Schlägen auch jede Erholung erschwert, wo nicht unmöglich gemacht werde, nahm der alte Streit der Erzbischöfe gegen die Herzöge, jener Streit, der unter Adalbert und Magnus Billung in offenem Krieg emporgelodert war, den Character einer von Geschlecht zu Geschlecht forterbenden Fehde an. Und sechzig Jahre vergingen, bis durch die ausdauernde Wirksamkeit des ehemaligen Domschulmeisters Vicelin und durch das siegreiche Vordringen des Grafen Adolph von Holstein und Herzog Heinrich des Löwen die slavischen Länder der Bremischen Kirche wieder zurückerobert und dem Erzbisthume neue Suffraganbischöfe gewonnen wurden. Hartwig I., der stolze Gegner Heinrich des Löwen, krönte im ersten Jahre seiner erzbischöflichen Regierung die Thätigkeit des Slavenmissionars Vicelin durch seine Weihe zum Bischof von Aldenburg, dem alten Hauptorte Wagriens.

So schwer es wird, hier auf die Schilderung Hartwigs des Ersten, des rastlosen, genialen Mannes zu verzichten, der seinen stolzen Entwurf: trotz aller Niederlagen der Bremer Kirche dennoch das nordische Patriarchat wieder zu gewinnen, an der kalten, egoistischen Klugheit der Päpste, der seine Bestrebungen in der deutschen inneren Politik an Heinrich des Löwen rücksichtsloser Macht scheitern sah, der selbst seine friedlichsten, selbstlosesten Schöpfungen, seine weitreichenden Ackercolonien von der zornig hereinstürmenden Meerflut verschlungen sehen musste — so schwer es wird, das Alles nicht einmal andeutungsweise berühren zu dürfen, so ist doch diesen Blättern ihre Grenze festgesteckt; und von der Baugeschichte des Domes dürfen sie sich nicht zu einer Geschichte des Erzbisthums erweitern. Hartwigs Ackercolonien sind indessen auch für unsere Baugeschichte von hoher Bedeutung; denn die niederländischen Colonisten, die der Erzbischof in den Weser- und Elbgegenden ansiedelte, waren es, die im Norden Deutschlands den Backsteinbau einführten*).

――――――――

*) S. Hartwich von Stade von Georg Dehio. Brem. Jahrb. VI p. 121 u. f.

Die Einwölbungen.

Hartwig, der in Italien den hohen künstlerischen Werth dieses Materials schätzen gelernt, der seine niederländischen Werkleute im Besitz der technischen Kenntnisse des Brennens und Bearbeitens sah, verwendete zuerst an der Klosterkirche zu Jerichow an der Elbe den Backstein, der alsbald für unsere Heimath das fast ausschliessliche Baumaterial werden sollte. Die in dieser Periode zu Bremen entstehenden Kirchen zeigen schon fast durchgehends den heimischen Ziegel, der nicht mehr zu Schiffe mit Mühe und Kosten von der Porta stromab geführt sondern nur gleichsam vom eigenen Grund und Boden aufgenommen zu werden brauchte. Die nächste Bauthätigkeit am Dom liess allerdings den Backstein noch unbeachtet. — Es ist nicht genau festzustellen, wann diese, die Einwölbung des südlichen und die jetzt nicht mehr vorhandene des nördlichen Seitenschiffes stattgefunden habe.

Die Geschichtschreibung, die uns ohnehin so wenig Notizen über unseren Bau liefert, lag im zwölften und dreizehnten Jahrhundert in Bremen völlig darnieder, und von dem Holsteiner Helmold und von Arnold von Lübeck, den Hauptquellen für diese Zeit, darf man nicht erwarten, dass sie über ein so fernliegendes, in ihren Augen unbedeutendes Werk wie die fragliche Veränderung an unserer Kirche Bericht erstatten sollten.

Auch künstlerisch und technisch betrachtet liefert jenes Gewölbe keinen Anhaltspunkt für ganz sichere Zeitbestimmung[*]. Die sehr spätromanischen Formen, die theilweise sogar zu inconstructiver Verzierung ausarten, deuten auf das Ende des zwölften oder den Anfang des dreizehnten Jahrhunderts, also etwa auf die ereignissreiche Zeit Hartwigs des Zweiten (1189—1207), jenes unruhvollen Erzbischofes, der, vom Kaiser geächtet, nach England fliehen musste, der heimkehrend in so grimmigen Streit mit der bremischen Bürgerschaft sich verwickelte, dass er sie in Bausch und Bogen in den Bann that, und das Unerträgliche dieses Zustandes, welcher allen Gottesdienst, alle Taufen, Ehen, Begräbnisse selbst unmöglich machte, nur in so weit milderte, dass er einzig den Dom von seinem Interdicte ausnahm.

[*] Die Vermuthung H. A. Müllers, (Über Dom zu Bremen, p. 17), dass die beiden Seitenschiffe schon ursprünglich überwölbt waren, und dass man die Gewölbe nur später verändert hatte, hat zwar manche Wahrscheinlichkeit für sich. Bei den Domen von Mainz und Speier waren die Seitenschiffe von Anfang an gewölbt. Unser Gewölbe aber ist für Adalberts Zeit, dem Styl nach zu schliessen zu spät. Dieser deutet auf das Ende des zwölften Jahrhunderts. Ein Gewölbe, das am Ende des elften Jahrhunderts aber gebaut gewesen wäre, schon so bald durch ein neues zu ersetzen, hätte man schwerlich Grund gehabt; wohl jedoch konnte man Lust haben, in einer Zeit, da das Wölben immer üblicher wurde, eine Balkendecke durch eine Wölbung zu ersetzen.

Um für die Rippen der Gewölbe die nöthigen Stützen zu gewinnen, wurden den Pfeilern des Mittelschiffes und diesen entsprechend der südlichen Umfassungsmauer reich profilirte Vorlagen gegeben. Weich gegliederte Sockel tragen Pilaster und Halbsäulen, deren Kapitäle mit verkröpften Deckplatten versehen sind. Die Rippen sind einfache Rundstäbe, die zu drei Viertel frei vor den Kappen liegen. Von den Scheitelpunkten der Längen- und Querbögen spriessen abermals vier Rippen der Mitte des Gewölbes zu; aber bevor sie diese erreichen, treffen sie auf einen kreisförmigen Rundstab, in welchem sie endigen. Nur in dem östlichsten Joche durchschneiden sie diesen Rundstab, biegen aber, bevor sie den Gewölbescheitel treffen, um und endigen in herabhängenden Blumen. Das viertöstlichste Joch und die beiden westlichsten haben diese Zier-Rippen nicht; letztere sind sogar einfache Kreuzgewölbe ohne Rippen, eine Inconsequenz, deren Grunde wir vergeblich nachspüren.

Durch die Einwölbung der beiden Seitenschiffe war der erste, grosse Schritt zu jener Umwandlung des Domes geschehen, welche den Character seines Inneren durchaus verändernd, ihn dem heutigen Auge als ein Bauwerk des sogenannten „Uebergangstyles" darstellt. Die Einwölbung des Mittelschiffes war nur mehr eine Frage der Zeit; an sich war sie aus ästhetischen Gründen nothwendig, seit die Seitenschiffe gewölbt waren; und der Plan zu diesem grossen, tiefgreifenden Umbau hat gewiss dem Meister, der die Seitenschiffe änderte, schon in seinen allgemeinen Zügen vorgeschwebt. — Adalberts resp. Liemars Bau war fertig, d. h. abgeschlossen gewesen; aber so imposant er auch in seiner mächtigen, ernsten Schwere dastehen mochte, so fehlte doch viel, dass er künstlerisch vollendet gewesen wäre. Das liegende Holzdach über den durch die aufwärtsstrebenden Pfeiler gegliederten Wänden löste das Problem des Deckenschlusses noch durchaus nicht ohne Disharmonie. Die antike Säulenreihe mit Architrav und Fries ist zum Tragen des Gebälkdaches geschaffen und nur in dieser Function an ihrem Platze; der romanische Pfeiler will mit dem Gewölbe zu einem innig verbundenen Ganzen verwachsen, und so lange er des Gewölbes entbehrt, so lange hat er den Zweck seines Daseins nicht völlig erfüllt; die Holzdecke ruht immer als ein Fremdes auf Pfeiler und Wandfläche. Nun aber geht durch die ganze romanische Kunst ein Zug des Werdens, ein Streben nach dem Neuen; denn ihre Meister fühlten, dass noch eine gleichsam unentdeckte Welt vor ihnen lag; ein dunkler Trieb drängte sie zu ihr hinaus und erst, als die Gothik ihr letztes Wort gesprochen hatte, war das geahnte neue Reich gewonnen und der Kreis der Formen geschlossen. Denn Alles, was seitdem Renaissance und moderne Kunst geschaffen, ist ein mehr oder minder glückliches Zurückgreifen auf das schon einmal Dagewesene. Diese Sehnsucht nach dem Neuen trieb die romanischen Meister bald früher, bald später, wie es jeweilige Nebenumstände bedingten, die von der antiken Basilika überkommene Holzdecke zu verlassen und ihre Kirchen im Grossen so zu überwölben, wie sie es bei ihren Krypten im Kleinen schon lange gewohnt gewesen waren. Zur Ausführung solchen Unternehmens bedurfte es aber einestheils bedeutender mathematischer und technischer Kenntnisse, anderntheils einer Menge physischer Kräfte. Beides stand dem späteren Mittelalter in reicherem Masse zu Verfügung als dem frühen; denn neben den Klosterbrüdern, denen bisher ausschliesslich alle architectonischen Leistungen zugefallen waren, und neben den Laien, die ihnen zur Busse ihrer Sünden ohne sonst künstlerisch geschult zu sein, die nöthigen Handlangerdienste verrichtet hatten, war allmählig mit den wachsenden Städten ein Handwerkerstand emporgewachsen, der es den Geistlichen bald zuvor that. Der Clerus war nicht mehr in der Lage, alle die verschiedenen Gebiete der Kunst und Wissenschaft, denen er sich bisher gewidmet hatte, allein weiter zu bearbeiten: der schlechtere Theil pflegte seinen faulen Bauch, der bessere beschränkte sich auf engere Disciplinen, und indem die Laienwelt, die beim Beginn der deutschen Cultur noch alle Arbeit ausser der, des Schwertes verachtet hatte, während der romanischen Periode allmählig mit hineingreifen lernte in die geistigen Schätze der Geistlichkeit und hernach selbstständig zu benutzen wusste, wurde jene Blüte der bildenden Künste gezeitigt, die, so hoch wir auch den Romanismus verehren mögen, doch so in Inhalt wie in Form noch höher reicht: so wurde die Gothik zur Entfaltung getrieben.

Schon die spätere romanische Kunst in den Rheinlanden hatte ihre Dome theils gleich für Gewölbe entworfen, theils ihre Holzdecken in Gewölbe verwandelt; die Dome von Mainz, Speier, Worms und andere sind uns erhabene Zeugnisse für das hohe Schönheitsgefühl, wie für das immerhin schon sehr bedeutende technische Können des elften und zwölften Jahrhunderts. Unser niedersächsisches Bremen, auf viel später cultivirtem Boden wurzelnd, kam naturgemäss auch später dazu, dieser Vollendung seiner Kunst entgegen zu ringen. Wir haben die Einwölbung des Mittelschiffes unseres Domes in die zweite Hälfte des dreizehnten Jahrhunderts zu setzen. Vermuthlich war es Giselbert (1273–1306), dem wir diesen Bau zuschreiben müssen;[*] dieser prachtliebende Herr aus dem adligen Geschlechte derer von Bruckhorst genoss seines Episcopats in einer verhältnissmässig ruhigen und behaglichen Zeit; die Streitigkeiten mit den Herzogen und die mit den Bürgern der Stadt Bremen waren leidlich geschlichtet, der Geist ketzerischer Aufsässigkeit gegen die omnipotente Kirche war im Stedingerlande in Strömen des edelsten Blutes gränzt. Seit Gregors IX. berüchtigte Bulle die Stedingischen Vertheidiger ihrer Haus- und Landesehre gegen pfäffische Schnurlosigkeit zu ruchlosen Ketzern, Zauberern und Teufelsanbetern gestempelt hatte, begannen anfangs schen und vorsichtig, allmählig aber immer dreister die Hexenprozesse wie Pilze aus der Erde zu schiessen, und die Kirche, deren alleinseligmachender Schoss die einzige Rettung vor der grausenhaften Gefahr eines Processes war, genoss eines Ansehens wie nie zuvor. Diese Machtstellung der Kirche fällt mit dem Beginn der gothischen Kunst-Periode zusammen. Neben den rein ästhetischen Grundsätzen, die sich mit dem Romanismus nicht begnügen können, wirkt auch der Trieb, die Glorie der ecclesia triumphans, die Oberhoheit der geistlichen Macht, über die politische der Kaiser und über die individuelle des Volkes in äusserer Form auszudrücken, mächtig mit zur Neugestaltung der Kunst. Unser Erzbischof Giselbert erfreute sich dieser Glorie, abgesehen von ein paar kleinen Händeln mit dem Rath und einzelnen Bürgern Bremens, die er nicht aufs Aeusserste kommen zu lassen klug genug war, ziemlich

---

*) Schumacher setzt (Brem. Jahrb. I. p. 3ff.) den Beginn des Umbaues unter Gerhard II. Er erwähnt einen Ablassbrief, (Brem. Urk.-B. I. 128) den Gerhard erwirkte für Alle, welche sich an Geldsammlungen für den Bau betheiligen würden. Indessen modificirt Schumacher seine Ansicht, indem er anführt, dass Lappenberg schon ausgeführt habe, dass es Gerhards Zeit schwerlich der Bau begonnen sei, und beschränkt sich auf die Vollendung der westlichenVorhalle.

ungetrübt;*) er liess sich ein schönes, steinernes Palatium zu Bremen erbauen, desgleichen einen Altar im Dom neben den Gräbern seiner Vorgänger; zahlreiche Burgen in der Umgegend legen ebenfalls Zeugniss seiner Baulust ab. Dass die Historia archiepiscoporum Bremensium, die dieses Alles berichtet, von dem bedeutenderen Werke, der Einwölbung des Domes schweigt, ist zwar auffallend, aber da sie überhaupt von der Bauthätigkeit am Dome Nichts mehr sagt, kein zwingender Grund, die Einwölbung einem anderen Erzbischofe, etwa Gieselberts Vorgänger Hildebold, mit dessen Zeit übrigens der Styl unseres Gewölbes allenfalls noch stimmen würde, zuzuschreiben. Der Gedanke an noch frühere oder noch spätere Erzbischöfe ist eben dieser Styleigenthümlichkeiten wegen vollends auszuschliessen.

Die Umgestaltung des Domes durch die Einwölbung des Hauptschiffes, der Kreuzarme, der Vierung und des Chores griff durch bis in das Fundament; denn wie es schon bei der Wölbung der Seitenschiffe nöthig gewesen war, so mussten auch hier vor die alten, schlichten, viereckigen Pfeiler des Adalbert-Bezelin'schen Baues Pilaster und Halbsäulen gestellt werden, um die Rippen des Gewölbes zu tragen. Desgleichen wurden auf die Scheitel der alten rundbogigen Arkaden, während man die von ihnen getragene Wand erleichterte, Säulenschafte gestellt, die mit den über ihren Kapitälen hervorschiessenden Rippen, die Schildbögen umrahmten. Die Arkaden selbst wurden mit einem zierlichen Rundbogenfriese geschmückt, der dicht unter ihrer Scheitellinie herlaufend, das Element der Horizontale zwischen den vielen Verticalen der vorgelegten Pilaster in jener für den Uebergangstyl charakteristischen Weise betonte. Indem man die Wand über den Arkaden erleichterte, gewann man auf die Scheitelfläche über denselben einen Absatz, breit genug, dass ein Mensch darauf hergehen kann. Durch die Pfeiler, welche diesen Absatz allemal unterbrechen, brach man kleine, thürartige Oeffnungen, so dass man auf den Arkaden eine Art Gallerie erhielt, der nur die Brüstung fehlt, um als solche benutzt werden zu können. Die Querrippen des Gewölbes wurden in einem niedrigen Spitzbogen zusammengeführt, die Kreuzrippen hielten die Form der Rundbogens noch aufrecht. Spitzbogig wurden die alten romanischen Rundbogenfenster in den Seitenwänden des Obergeschosses erweitert. Aehnliche Verwandlungen erfuhren die Kreuzarme, nur dass man sie durch Bündel von je fünf Halbsäulen, welche man auf jenem Mauerabsatz neben den vier, die Vierung umstehenden Pfeilern anbrachte, noch reicher

*) Beiläufig sei hier, in modernes Deutsch übertragen, ein Lobgedicht des freilich sehr mit Unrecht berühmten Heinrich Frauenlob mitgetheilt.

Du priesterlicher Herrscher, weiser Fürst und Hirt,   Bist Du ein Balsam, der der Sünde Wunden heilt;
Dein Haupt, es wird   Dein Bann ereilt.
Von seiner loful schön umgeben.   Die Recht und Seite kränken;
Zu heil'gem Leben   Mag keiner daran denken.
All' Deine Tugenden sich best erweben   Bescheidung möge Deinem Spruch beschranken.
Und Deiner Werke weises Mass. Dem Christenthume   Der Papst sei Bischof hier; da Papst, das wir zum Rahme
     Und Frommen aller Christenheit.
     Dein Stab beschirmte sie vor Leid.
     Wer rechtes Kleid
     Trägt allzeit,
     Hat Deinem Schutze sich geweiht,
     Und stets ist ihm Dein Schutz bereit.
     Von Bremen, Bischof Gieselbert, da bist der Priester Blume.

ausstattete, als das Mittelschiff. Der kürzeren Vordersäule dieser Bündels, welcher, da sie um ein Weniges über den Maueransatz hinaustreten musste, ein roh gemeisselter männlicher Kopf consolenartig zur Stütze gegeben wurde, gab man die Quer- und Kreuzrippen zu tragen, während man den Druck der Längenrippen auf die übrigen vier vertheilte. Unter den beiden Schildbögen der Ostseite und ebenfalls unter denen der Westseite wurde je ein langes, spitzbogiges, von einem Rundstabe umrahmtes Fenster gebrochen; die Süd- und Nordwand erhielt eng zusammengekuppelt deren drei.*) In gleichem Sinne wandelte sich Vierung und Chor um: die Nord- und Südwand des Chores erhielt unter jedem Halbjoche ein gekuppeltes Fensterpaar, die Rückwand deren drei, von denen das mittlere über die beiden anderen unwesentlich hinaufragt. Die Halbsäulen, die man den Pilastern des Chors vorlegen wollte, sind nicht alle fertig geworden; sie zeigen zunächst an der Vierung nur das Kapitäl und ein kurzes Stück Schaft und sind im Uebrigen noch vierkantige Quadern.**) Eine weitere Veränderung des Chores hat schwerlich stattgefunden, es müsste denn sein, dass der Chor des Adalbert'schen Baues mit einer halbkreisförmigen Apsis abgeschlossen hätte. Dem Usus hätte solcher Abschluss allerdings entsprochen: aber auch die Ausnahmefälle des rechtwinkeligen Schlusses sind von neueren Kunstforschern als für jene Zeit nicht so selten dargethan, wie man früher annehmen zu müssen glaubte. Consequent treten sie allerdings nur bei den Kirchen des 1098 gegründeten Cisterzienserordens auf. Zwei nicht unwesentliche Gründe lassen sich zwar wohl für die Ansicht aufführen, dass vor dem Umbau des dreizehnten Jahrhunderts unser Dom eine runde Ost-Apsis gehabt habe, oder vielmehr, dass der jetzige rechtwinkelige Abschluss unseres Chors aus dem dreizehnten Jahrhundert stamme. Erstens zeigt die Ostwand des Chors sowohl in Material, wie in Mauerverband einen erheblich anderen Character als alle übrigen Mauern des Domes, so dass der Gedanke an mindestens irgend welche Restauration dieser Wand (von der uns übrigens nirgends berichtet wird) schwerlich abgewiesen werden kann, trotzdem der grosse Strebepfeiler an der Nordseite und ein reicher Sockel an der Südseite Zeugnisse höheren Alters aufweisen. Zweitens fällt fast gleichzeitig mit unserem Umbau der Neubau des benachbarten Cisterzienserklosters Ilnde. Ein Connex der baulustigen Brüder dieses Ordens mit dem Baumeister unseres Domes ist nicht undenkbar, und wenn ein solcher stattgefunden, so werden die Weissmäntel schwerlich unterlassen haben, ihre Vorliebe für den rechtwinkeligen Chorschluss auszusprechen. Indessen ist trotz alledem diese Frage doch wohl definitiv und zu Gunsten des rechtwinkeligen Chorschlusses dadurch entschieden, dass vor Kurzem bei der Anlage eines Strassenkanals unmittelbar hinter dem Dom an, zwanzig Fuss tief in das Erdreich gegraben wurde, ohne dass man auf Spuren eines ehemaligen Fundaments für die Apsis gestossen wäre. Trotz der geringen Fundirung, die unserem Dom und selbst seinen Thürmen zu Theil wurde, hätte man irgend welche Reste des Apsis-Fundamentes finden müssen, wenn solche vorhanden gewesen wären. Ist also die Rückwand des Chors im Zusammenhange mit der Einwölbung des Domes neugebaut, so ist sie gewiss in derselben Form, die sie ursprünglich hatte,

---

*) Jene westlichen Fenster des südlichen Kreuzarmes wurden erst vor Kurzem vermauert. Im nördlichen Arm wurden sie durch den Poppelheim'schen Bau in offene Arkaden verwandelt.

**) Die Methode, eine Halbsäule zunächst aus viereckigen Quadern aufzuführen und sie erst hernach zu runden, soll auch heute noch in Süddeutschland gebräuchlich sein.

wiedergebaut; als Neuerung möchte höchstens der spitzbogige Schluss der mittleren jener drei Nieschen gelten, welche hinter dem Hochaltar in die Wand treten.

Mit aller Entschiedenheit ist aber von vorne herein, auch ohne den Beweis von Nachgrabungen die Hypothese, dass auch unser Westchor halbkreisförmig geschlossen gewesen wäre, abzuweisen; denn die Westfaçade zeigt in ihren unteren Parthien," an deren Stelle die Chornische müsste gestanden haben, so unverkennbare Spuren der Ursprünglichkeit, die Raumeintheilung mit den beiden Portalen und den beiden dazwischen liegenden Mauerblenden stimmt so genau, dass sie nur von Anfang an die Absicht des Erbauers gewesen sein kann.

Die Gewölbe des Domes wurden über die Mauern des bisherigen Baues hinausgeführt; mächtig ragte das Dach empor, das ringsumher auf nur einstöckige, vielfach noch mit Rohr und Schindeln gedeckte Häuser hinab sah, und allenfalls in den Kirchen Unseren Lieben Frauen und des heil. Anselmar, an welchen um dieselbe Zeit Werkleute thätig waren, eine gewisse Rivalität erkennen konnte. An der Westfaçade erhob sich über den alten rundbogigen Blendarkaden, die vielleicht schon um diese Zeit mit den noch etwas starren aber grossartigen Figuren des kreuztragenden und gekreuzigten Christus geschmückt wurden und dem Rosefenster, welches bei dieser Gelegenheit wohl erweitert wurde, ein neuer Gibel mit fünf Blendarkaden, die unter ihren spitzen Kleeblattbogen ebenfalls bildnerischen Schmuck aufnahmen, Statuen der klugen Jungfrauen der Parabel, die den himmlischen Bräutigam erwarten. Dieser Gegenstand war eine beliebte Allegorie, welche das Volk zu dem seligen Vermählungs-feste der Seele mit Christo in die Kirche, den Hochzeitssaal dieser idealen Feier, laden sollte. Abermals drei Arkaden, von denen die mittlere einen schlanken Spitzbogen, die seitlichen halbirte Kleeblattbögen bilden, kleidete die höchste Gibelspitze in reichen Schmuck; unter jenem mittleren Spitzbogen erschienen wiederum Statuen, die aber heute in arger Verstümmelung nicht mehr genau zu deuten sind; wir sehen jetzt nur noch die Fragmente zweier Gewandfiguren, welche vielleicht Christus und die Himmels-Königin, die oberste Patronin des Domes, darstellten. Unter den halbirten Kleeblatbögen ragen noch zwei Consolen hervor, die leider der Statuen, die sie trugen, heute entbehren. Jene Sculpturen, Werke eines handwerksmässigen, phantasielosen, frühgothischen Steinmetzen, sollen noch bis vor Kurzem schwache Spuren von polychromer Bemalung gezeigt haben, ein Umstand, der darauf deutet, dass, wenn schon am Aeusseren die Farbe mit zur Verschönerung des Baues herangezogen wurde, das Innere erst recht in reicher Farbenzier geprangt habe.

Den Druck des Gewölbes aufzunehmen, lehnten sich in Norden und Süden starke Strebepfeiler an, die wiederum unter frei heraustretenden Baldachinen Statuen trugen. Die Thürme, deren schwere, kaum gegliederte Massen nur durch schwache rundbogige Mauerblenden einigermassen belebt waren, unterlagen der allgemeinen Umwandlung verhältnissmässig am wenigsten. Indessen ist nicht gar lange nach der Erbauung des Westgiebels am nördlichen Thurm gebaut worden. Das dritte und vierte Geschoss wurden, wenn nicht etwa restaurirt, neu aufgesetzt, und zwar in durchaus gothischer Weise mit spitzbogigen Blendarkaden und einem Kleeblattfriese. Das fünfte Geschoss des Nordthurmes weist auf eine abermals spätere Zeit. Wenn wir uns nun in der Phantasie den Dom, wie er aus dem Umbau Giselberts hervorgegangen, vergegenwärtigen, so steht er als ein würdiges, nicht eben fein durchgeführtes aber in seinen grossen Verhältnissen sehr künstlerisch gedachtes Ganzes vor uns. Die Verschmelzung des neuen Styls des Obergeschosses mit dem alten des Untergeschosses war eine nicht leicht zu lösende Aufgabe, zumal der Unterbau in sich schon wieder nicht ganz einheitlich war und die Fragmente von Bezelins Werk mit den Fortsetzungen Adalberts in keinem rechten Einklange standen. Giselberts Baumeister hat ein Meisterstück gemacht in dem massvollen Abwägen der Verhältnisse seiner Gewölbe und Schildbögen zu den schweren rundbogigen Arkaden, seiner kühn aufstrebenden Dienste zu den stämmigen Pfeilern. Was ihm fehlte, war entweder eigener Sinn für Grazie des Details oder die kundige Hand des Steinmetzen, seine Angaben in die Realität zu übertragen. Die attischen Basen seiner Pilaster und Dienste so wie ihre blattgeschmückten Kapitäle sind nicht sonderlich fein, (manches mag allerdings auch durch die im Laufe der Zeit hundertfach übereinander gelegte Kalktünche gröber scheinen als es ist), die Profile seiner Fensterumrahmungen sind nicht immer exact so wie die an den Pfeilern des Chors hinaufsteigenden Halbsäulen, dafern sie nicht wie diejenigen zunächst an der Vierung noch unausgearbeitet fast ganz im Quader stecken, unbegreifliche Sünden gegen die grade Schnur zeigen. Aber woher sollte der Meister in unserem Niedersachsen an Akuratesse und Feinheit gewöhnte Arbeiter beziehen? Ist doch unserem Volke bis auf den heutigen Tag bei all seiner zähen Willenskraft, seiner Gradheit und seiner stets auf die Hauptsache und den Kern dringenden Gründlichkeit die Grazie der Form noch immer nicht zu eigen geworden.

Wäre uns der Dom in der Gestalt des XIII. Jahrhunderts erhalten geblieben, so besässen wir an ihm ein einfaches, schmuckloses aber in seinem strengen Ernste höchst wirkungsvolles Denkmal. Doch mannigfache Metamorphosen standen ihm noch bevor, Metamorphosen, die theils, indem sie die virtuosesten Leistungen constructiver Kunst zeigten, die innere Harmonie des Baues zwar auflösten, die man aber doch ihrer kühnen Schönheit wegen nicht ungeschehen wünschen kann; andere aber, die, von dem ältesten Utilitätsprincip veranlasst, jedem ästhetischen Gefühl ins Gesicht schlagen. Da indessen diese Erscheinungen nur aus dem Geiste ihrer Zeit erklärt und entschuldigt werden können, dürfen wir diese nicht ganz ausser Acht lassen.

In mannigfache Streitigkeiten mit der Stadt verwickelt, die ihre Autonomie mit täglich wachsendem Selbstgefühl geltend machte, wurden die Erzbischöfe ihres kirchenväterlichen Daseins wenig froh. Wiederholte Fluten, Theuerungen, Fehden, ja persönliche Gefangenschaft und Misshandlung in Wildeshausen machten dem Erzbischof Johann*) das Leben so sauer, dass er seinem Amtsbruder Nicolaus von Verden die Verwaltung seines Erzbisthums übertrug und an den päpstlichen Hof nach Avignon übersiedelte, wo er beim Klange Petrarca'scher Sonette und dunklem provençalischem Wein in seinen letzten Tagen gewiss glücklicher war als jemals auf der prangenden Kathedra seiner nordischen Heimath. Nach seinem Tode wurde der Archidiacon von Rustringen, Burchart Grelle, ein Bremer Bürgersohn gewählt (1327.

Die Chronik berichtet uns von einem unter Burcharts Regierung veranstalteten glänzenden Fest und Turnier, welches von weitreichenden Folgen für den Dombau wurde. Der Erzbischof erlebte nämlich das grosse Wunder, dass an einem Ostertage, als er eben den Chor des Domes betreten wollte, die Mauer über den Gräbern der heiligen Herren Cosmas und Damianus mit

*) Jonas oder Johann war ein Dane, ein Verwandter des Königshauses, einer der unruhigsten Abenteurer seiner Zeit. Wir besitzen eine feierliche Urkunde von 1316, die ihn für wahnsinnig erklärt.

grossen Gefäse auseinanderbarst, und ein süsser Weihrauchduft, der Jemen-Rauch, hervordrang. Sofort gelobte der fromme Herr, zu Pfingsten über's Jahr die heiligen Leichname herausheben zu wollen, um sie der allgemeinen Andacht darzustellen. Als aber die Zeit gekommen war, sandte er Boten durch alles Land ringsum und liess seine Edlen und Prälaten und Hintersassen zu der hohen Feier entbieten, dazu den Rath und viele Bürger Bremens mit ihren Frauen und Töchtern. In seinem Palatium bewirthete er die bunte, reich geschmückte Menge mit Schmauserei und Tanz und auf dem Domshofe vor den Fenstern seines Saales ging es hoch her mit Tjostiren und ritterlichem Waffenspiel, dazu sich, um es den adligen Rittern gleich, wo nicht gar zuvor zu thun, die reichen Bürgerssöhne trefflich geschmückt und gewappnet hatten. Am folgenden Tage, dem Pfingstmontage, da er in Gemeinschaft mit seinen Suffraganen, Aebten und den Herren des Capitels das Heiligthum gehoben hatte, schlug er zwölf seiner besten Mannen zu Rittern; aber Herr Heinrich Donebley, der Bürgermeister, stand in einer Wasserkufe, etwa eines Fuders gross, dahinein wurde von unumiglich geopfert mit Gold und Silber und Geschmeide, mehr und immer mehr, bis dem Bürgermeister kein Platz mehr in seiner Kufe blieb. Als endlich das Fest zu Ende war und der Hof geschlossen und der letzte Kopfschmerz verdampft, da deutete Herr Burchart an, dass ihm wohl ein Geringes jenes Opfervortrages ausgehändigt werden möchte als Rückerstattung seiner bedeutenden Kosten; und Herr Donebley überliess ihm dreihundert Mark; den Rest verwendete er aber zum Ausbau der obersten beiden Stockwerke des Süd-Thurmes. *) In späterer Zeit liess er auch noch die grossen Glocken giessen.

Ueber das Dach der Thürme ist uns Nichts berichtet; es wird vermuthlich in einem nicht sonderlich schlanken Kegel bestanden haben; denn erst später um 1446 wird von der hohen, alle Thürme Niedersachsens überragenden Spitze unseres nördlichen Thurmes gesprochen.

Die überschwängliche Festlust des Mittelalters hatte also auch den Weg an die ernsten Weserufer gefunden, die so selten von Klang und Gesang wiederhallten. Nun drang aber auch in unsere Heimath dasselbe furchtbare, verheerende Gespenst, unter dessen Schritten alle Freude abstarb, jeder Liederquell versiegte, jeder Scherz erstarrte: — Die Pest. Gefolgt von zügelloser Sinnengier und bis zum Wahnsinn gesteigerter Askese hielt der schwarze Tod drei Jahre lang in Europa seinen Umzug durch volkreiche Städte wie durch einsame Hütten, durch Gebirg und Thal und über die See. Nicht die Milde des Frühlings, nicht der Frost des Winters, nicht Sommergluth noch Herbstesfrische vermochte ihn zu bändigen; Greise und Kinder, Männer und Frauen, Reiche, die sich mit aller Vorsicht pflegen konnten, und Arme, die nicht einmal eine Streu hatten, um darauf zu sterben, mähte er mit der gleichen Erbarmungslosigkeit nieder.

In Bremen war um die Mitte des Jahrhunderts eine Fehde entbrannt zwischen den beiden Gegenerzbischöfen, dem Grafen Moritz von Oldenburg und dem Grafen Gottfried von Arnsberg, Bischof von Osnabrück. Graf Moritz belagerte die Stadt und lieferte vor den Thoren ein siegreiches Treffen. Am folgenden Tage drang ein Theil seiner Leute in die unbewachten Mauern; kam aber binnen Kurzem mit der schaudervollen Nachricht zurück, sie seien in mehr als zehn Häusern gewesen, ohne einen Menschen zu finden; Markt und Gassen seien leer, wolle er die Stadt haben, so wäre sie sein. Aber Moritz wollte die Stadt nicht haben; „hie ne wolde

---

*) van deme tyden torne, d. h. wörtlich: des niedrigen Thurmes. Allerdings ist hier das sullische zugleich der niedrige.

des nicht den weite musse here Got die orlegede myt en." Die Pest war bereits vor ihm eingezogen und hatte über ein Drittheil der Bevölkerung hingerafft.

Sahen wir die lachende Lebensfreude unter Herrn Burchart in einer grossartigen Collecte zu Gunsten des Dombaues sich gipfeln, so sehen wir nun Angst und Todesqual und Reue und Bangen um die ewige Seligkeit, wiederum geschäftig, den Dom zu bereichern. Nicht nur, dass für Seelenmessen das irdische Hab und Gut hingegeben wäre; wir dürfen, wenn es auch nicht ausdrücklich überliefert ist, annehmen, dass jene grosse Erweiterung, die dem Dom durch Anbau seiner südlichen und nördlichen Kapellenreihe*) zu Theil wurde, in mehr oder weniger enger Verbindung mit der fürchterlichen Seuche steht. Es ist ein durch das ganze Mittelalter gehender Characterzug, dass der Mensch in der höchsten Noth nicht etwa in gläubigem Vertrauen zu seinem Gotte um Hülfe schreit, sondern dass er eine Art Contract über Leistung und Gegenleistung mit ihm macht. Der Scheiternde zur See gelobt ein paar geweihte Kerzen, wenn er mit dem Leben davonkommen sollte, der Verwundete auf dem Schlachtfelde eine Pilgerfahrt zu diesem oder jenem Heiligthume, der Kranke auf dem Todtenbette eine Geldsumme, einen Altar oder Bildwerk für seine Rettung. Man wollte ja von Gott, den sich möglichst menschlich vorzustellen man für keine Entwürdigung achtete, die Hülfe nicht ganz umsonst haben; irgend ein Zeichen, ein Opfer sollte den, der Herz und Nieren prüft, wenigstens des Dankes versichern. Wie zahlreich müssen nun Gebete und Gelübnisse gen Himmel gestiegen sein in einer Zeit, wo alle irdische Hülfe eitel erschien, wo nicht Vorsicht noch Rath frommte, und der Arzt neben seinen Kranken sterbend zusammenbrach! Wie zahlreich mögen ferner heilige Stiftungen von Hinterbliebenen gemacht sein, um den Seelen der Geschiedenen die schwere Fegefeuerpein abzukürzen! Als der Grimm der Seuche endlich nachliess und die Leute daran denken konnten, ihre Gelübnisse nun auch wirklich zu erfüllen, da lag ohne Zweifel so vielerlei Material vor, dass ein geschickter Meister nur System in alle die Votiv-Altäre und Kapellen und ewigen Lampen und Schenkungen an baarem Gelde zu bringen brauchte, um jenen Umbau am Dome zu ermöglichen, der ihn aus einem dreischiffigen zu einem pseudo-fünfschiffigen machte.

Zwischen den, durch den Giselbert'schen Bau nöthig gewordenen Strebepfeilern hefteten sich die Kapellen an, und zwar so, dass die Strebepfeiler entweder als Scheidewände zwischen ihnen stehen blieben; oder aber dass der Druck, den diese Pfeiler zu tragen hatten, durch einen nochmaligen Bogen abgefangen, die Pfeiler selbst aber entfernt wurden. Auf letztere Weise erhielt man doppelt so grosse Räume als die, zwischen denen die Pfeiler stehen geblieben waren. Solche grosse Kapellen besitzen wir jetzt in den westlichsten noch zwei, während nach Osten zu sich drei kleinere anschliessen.**)

Die Architectur weist eine frühe, jedoch schon ganz consequent durchgeführte Gothik auf. Schwache Rippen, die auf schmucklosen Consolen ruhen, tragen die einfachen Kreuzge-

---

*) Die Vermuthung, dass der Dom ebenso wie eine südliche, auch eine nördliche Kapellenreihe besessen habe, ist zuerst von H. A. Müller ausgesprochen. Bewiesen ist sie nicht; aber sie hat so viel Wahrscheinlichkeit, dass ich ihr unbedingt beipflichte.

**) Bis 1285 sind schon mehr als 25 Altäre nachzuweisen. S. Renn. Jahrb. VI. p. LXXXIV. Um so nöthiger war es also, falls noch neue hinzukommen sollten, Raum zu schaffen. Sämmtliche Nebenaltäre wurden 1561 entfernt. Nur der steinerne Hochaltar, ein einfaches Oblongum, auf der Vorderplatte mit einem griechischen Kreuz geschmückt, ist erhalten und nunmehr unter einer hölzernen Verkleidung verborgen.

wölbe; der Fussboden liegt um eine Stufe höher als der der eigentlichen Schiffe; die Fenster (deren jetziges Masswerk übrigens modernen Ursprunges ist) sind wenig schlank, fast etwas gedrückt zu nennen. Der ganze Kapellenbau bietet architectonisch nichts Interessantes, ist aber doch höchst bedeutsam einestheils dadurch, dass er den Grundriss des Beszelin-Adalbert'schen Baues, der durch Gieselberts Veränderungen nicht oder fast nicht angetastet war, verwandelte, und aus der schlichten dreischiffigen Basilika ein Gebäude machte, welches die edle Einfachheit verlor und dennoch nicht zu der vollen Prachtentfaltung eines fünfschiffigen Domes gelangte. Anderntheils sind die Kapellen der erste Schritt zu jener merkwürdigen Leistung der Spätgothik, die unsere Kathedrale aus einer pseudo-fünfschiffigen Basilika in eine mächtige, dreischiffige Hallenkirche umgestalten wollte, und diese Umgestaltung auch an der Nordseite vollzog.

Bevor wir uns aber zu dieser neuen Phase des Domes wenden, müssen wir des nördlichen Thurmes gedenken, der im Jahre 1446 seine hohe Spitze erhielt. Die auf uns gekommenen Abbildungen, welche auch der Tafel dieses Werkes zur Grundlage gedient, zeigen eine einfache, mit Kupfer gedeckte Pyramide, deren Verhältnisse etwas prahlerisch übertrieben scheinen. Sie hätte, die Richtigkeit der Abbildungen vorausgesetzt, fast die Höhe des Mauerwerkes erreicht, was nicht wohl glaublich. Von einer künstlerischen Durchführung, wie sie uns an anderen gothischen Thürmen entzückt, war nicht annähernd die Rede; sie muss in ihren, zwar imponirenden, aber plumpen Dimensionen einigermassen den Eindruck von Bauernstolz gemacht haben. Lediglich die Quantität sollte wirken, die Qualität war auf eine fast brutale Weise ignorirt. Dieser Charakter, der sich an vielen Thürmen Nordwestdeutschlands wiederholt, scheint gleichsam das Prototyp des niedersächsischen Kunstgeschmackes und mehr oder weniger derb ausgesprochen, zeigt ihn unser Dom in allen seinen bisherigen Formen: solide, massig, ja grossartig; aber ohne Anmuth, ohne jenen Zauber phantasievoller Formenfülle, der uns im Allgemeinen in der mittelalterlichen Architectur aller europäischen Culturländer so berauschend entgegen lacht. Dennoch sollten die Grazien eine, freilich nur flüchtige, Einkehr auch bei uns halten.

Der Bau Cord Poppelkens.

Die unerquicklichen Zustände, in denen während des vierzehnten und fünfzehnten Jahrhunderts ganz Deutschland schmachtete, finden sich im Kleinen in der Geschichte jedes Einzelstaates wieder. Wie dort im Grossen die Könige ihre Hausinteressen über die der Nation stellen, wie Fürsten gegen Fürsten, Städte gegen Städte in ewig sich chaotisch und trostlos weiter wälzendem Kampfe lagen, so wieder im Kleinen innerhalb der Fürstenthümer und Städte Regenten gegen ihr Volk, Parteien gegen Parteien, Gilden gegen Gilden, Individuum gegen Individuum. „Was sich nur ansah, waren Feinde". Der herrliche Strom deutscher Poesie war längst versandet und versumpft, und wenn die bildenden Künste vor gleichem Untergange bewahrt blieben, so verdankten sie das der Kirche, die je äusserlicher sie wurde, desto lebhafter das Bündniss der Künste suchte, um durch Formen-schönheit zu verdecken, was ihr an Religion abging. Sie hatte dabei den glücklichen Vortheil, dass in den Seelen der Künstler Schönheit zur Religion und Religion zur Schönheit wurde. Eine Predigt, wie sie Willehad oder Anschar todesmuthig im Kreise trotziger Heiden gehalten, würde uns heute noch erbauen, während ihr bescheidenes Holzkirchlein schwerlich unsere Begeisterung zu erwecken vermöchte. Die Predigt eines wohlbeleibten Ablassmönches aus dem fünfzehnten Jahrhunderts würde uns kalt lassen, wo nicht gar anwidern, während die Schönheit der Kathedrale, in der er redete, uns zu andächtiger Bewunderung hinreisst. Das Hohe Priesteramt war von der Geistlichkeit auf die Künstler übergegangen, und blieb, als in Deutschland Luther es wieder zurück zu erobern suchte, in Italien noch lange unbestritten bei den Söhnen Tubalkains.

Wir haben diese allgemeine Bemerkung vorausgeschickt, um in unserer Baugeschichte die Periode einzuleiten, in der während der ödsten Verflachung des kirchlichen Lebens, während der schwammartigen Ueberwucherung einer vielfarbigen Clerisei, „die uns gelt nemen unde uns den Düvel geven", noch ein Werk der kühnsten künstlerischen Intention entstand. Seit dem Kapellenbau hatte der Dom ungefähr ein und ein halbes Jahrhundert vor den Händen der Werkleute Ruhe gehabt; es sind höchstens Einzelheiten angebracht, wie die silbernen Tafeln, die der Bürgermeister Johann Hemeling auf dem Chor aufstellen liess, oder der Silberschrein, den derselbe kunstliebende Herr am Altar St. Cosmä und Damiani stiftete. Im Ganzen aber trieb es dort der Clerus, wie es überall trieb. Im Jahre 1395 kam zuerst der Ablass, — d. h. der eigentliche Ablasshandel, — nach Bremen und blieb daselbst acht Jahre, bis der Papst ihn widerrief. Keine hervorragende Persönlichkeit löst sich aus dem trüben Grau in Grau der allgemeinen Zustände leuchtend los, und während die Stadt Bremen mit immer entschiedeneren Schritten ihrer historischen Aufgabe, ein Handelsplatz ersten Ranges zu werden, zueilt, schleppt die Kirche Bremen, ohne ein Ziel zu ahnen, von Jahrzehnt zu Jahrzehnt steriler ihr Dasein fort.

Wohl war der Erzbischof Johann Rode (1497—1511), ein Bremer Stadtkind, eifrig bestrebt, das gesunkene Ansehen der Kirche wieder herzustellen und ihre in Vergessenheit gerathenen Rechte namentlich der Stadt gegenüber geltend zu machen. Aber so lange die Kirche ihre Pflichten vergass, konnte die Wiedererwerbung von Rechten ihr nur den Schein lebenskräftiger Gesundheit wahren. Rode selbst, ein bürgerlich einfacher, strenger Herr, hat gewiss ehrlich für das Seelenheil seiner Mitmenschen zu sorgen geglaubt, als er im Jahre 1503 den Cardinallegaten Raimund mit aller Pracht der Hierarchie unter Gesang und Glockenklang in den Dom führte, um daselbst den Ablasshandel wieder zu etabliren. (Das lucrative Geschäft brachte in drei Tagen 6470 Rhein. Gulden ein.) Wohl machte Erzbischof Christoph (1511—1558), ein braunschweiger Herzog, die gewaltsamsten Anstrengungen, die kirchliche Herrschaft zu behaupten, aber er erreichte gerade das Gegentheil. Die rohen Gewaltacte dieses zwar energischen aber wüsten, sittenlosen Menschen, drängten, anstatt sie zu halten, die Bürger Bremens mehr und mehr in das Lager der Reformation hinüber.

Was die eigentliche Anregung zu dem grossen Umbau des nördlichen Seitenschiffes und der nördlichen Kapellenreihe gegeben, ist uns nicht mehr ersichtlich. Die Grundfläche erhielt, (vorausgesetzt, dass eine nördliche Kapellenreihe bestand) keine Erweiterung, nur der Cubische Gehalt wurde vermehrt. Es scheint hauptsächlich auf eine imposante, vielleicht auch etwas prahlerische Prachtentfaltung abgesehen zu sein.

Zum ersten Male tritt uns hier der Name eines Baumeisters entgegen. Früher war nur von dem Bauherrn, der die Werkleute arbeiten liess, die Rede; die Namen der einzelnen Meister verbergen sich bescheiden in Dunkelheit und es gehört zu den grossen Ausnahmen, wenn von einem mittelalterlichen Kunstwerk der Name seines Urhebers beglaubigt ist. Dass hier Cord Poppelken aus Osnabrück als Meister genannt wird, berührt uns schon fast wie ein Zeichen einer neuen Zeit. Das mittelalterliche Zurücktreten des Künstlers hinter sein Werk hört auf; das Individuum, durch die Renaissance zum vollen Selbstbewusstsein ausgebildet, drängt sich hervor. — Unser Umbau fällt in die Zeit, da in Italien die Renaissance schon in üppigster Blüte stand, er wird um 1502 begonnen; aber er bleibt noch ganz und gar innerhalb der specifisch gothischen Formen.

Poppelken brach im oberen Geschoss des Mittelschiffes an der Nordseite die Wände zwischen den aufsteigenden Rippen weg und erhielt dadurch eine luftige Arkadenreihe, die das Licht zwar nicht mehr unmittelbar von aussen, sondern mittelbar durch das Nordschiff in das Mittelschiff hereinströmen liess. Das alte, niedrige nördliche Schiff mit seinen weit ausladenden Strebepfeilern hob er ganz auf; von der Kapellenreihe aber behielt er die Umfassungsmauer und ihre Fenster im Wesentlichen bei, jedoch führte er sie bis zur Höhe jenes Arkadengeschosses und stützte nun auf diese beiden ein Gewölbe, das an constructiver Virtuosität seines Gleichen sucht. Von dem Kapitäl eines jeden Dienstes liess er sechs Rippen strahlenförmig emporschiessen; aber indem er diese Strahlen jedes Mal mit denen der entgegengesetzten Seite zusammenführte und gleichsam verknotete, schuf er ein maschenartiges Werk, das die kleinen Gewölbekappen, nicht ganz zweihundert an der Zahl, in spielender Leichtigkeit trug. Es ist wahr: Poppelken hat durch dieses übermässige Betonen des Rippengerüstes die Bahn des Naturgemässen verlassen; die Rippe ist ihrer tectonischen Bedeutung nach nur ein dienendes Glied, die Gewölbekappe, die von der Rippe getragen werden soll, ist der Zweck, dessentwegen diese eben vorhanden ist. Poppelken stellte das Ding auf den Kopf; er machte die Rippe (scheinbar wenigstens) zur Hauptsache, welche noch allenfalls nebenbei aus Gefälligkeit die Kappen trug. Selbstverständlich wurde der Grundgedanke des Kreuzgewölbes, wo nicht ganz aufgehoben, so doch durchaus verflüchtigt, wie sich etwa in der Musik durch überbrillante Variationen und Cadenzen das einfache, schlichte Thema bis zum Unkenntlichwerden verflüchtigen lässt. Poppelkens Gewölbe macht beinahe den Eindruck eines mächtigen Tonnengewölbes, unter welches zu decorativem Zweck die Rippen befestigt sind. Aber ein solches Comödiespielen mit der Construction lag selbst der zügellosesten Flamboyant-Gothik noch fern, wenn sie es auch in Ausnahmefällen wohl erlaubt haben mag, und unser Gewölbe ist nach den subtilsten Prinzipien des Druckes construirt.*)

Den vollen ästhetischen Eindruck dieses raffinirten Meisterstückes können wir heute nicht ganz würdigen, da sich die starre weisse Kalktünche unerbittlich über Mauern und Dienste und Rippen und Kappen lagert wie die dicke Schneedecke auf einer Winterlandschaft. Denken wir aber diesen Schnee hinweggethan und Farben und Gold an seine Stelle; die tragenden Theile durch energische Töne hervorgehoben, die getragenen in lichtem Aetherblau mit goldenen Sternen und Blumen ornamentirt — eine ganze blühende Frühlingswelt drängt sich unserer Phantasie auf. Aber auch schon so, in ihrer winterlichen Monotonie, welche Formenfülle, welches Spiel von Lichtern und Schatten und Reflexen! Das ganze Gewölbe prangt gleichsam wie ein Baldachin, dessen Pracht den gläubigen Kirchgänger anregen mochte, sich nach diesem irdischen Vorbilde die Hallen des himmlischen Jerusalem, die seiner noch harrten, vorzustellen.

Eine eigenthümliche Wirkung macht es, wenn wir die Kapitäler der Dienste, die dieses Gewölbenetz tragen, nicht etwa mit aller Phantasterei der Spätgothik geschmückt, sondern in ganz strengen Formen des Uebergangstyles sehen. Poppelken hat eben die alten Kapitäler wieder benutzt und nur die Schäfte verlängert.

Bei der genauen Accuratesse, die zur Ausführung eines solchen Gewölbes in Stein nöthig war, nimmt es uns um so mehr Wunder, dass ein anderer Theil des Poppelken'schen Baues nicht nur diese Accuratesse nicht zeigt, sondern sogar völlig liederlich gemacht erscheint. Es ist dies die Fensterreihe, die Poppelken in der erhöhten nördlichen Umfassungsmauer anbrachte. Die alten Fenster des Erdgeschosses, von der ehemaligen Kapellenreihe herstammend, und nur in ihrem Masswerk, nicht aber in ihrer inneren Contour verändert, sitzen regelrecht in ihren Wänden; die neue obere Fensterreihe aber passt nirgends, weder in verticaler noch in horizontaler Richtung genau. Hier ist die Achse nicht recht innegehalten und das Fenster sitzt vielleicht um einen Fuss nach rechts oder links zu weit hinüber, dort klemmt sich der Spitzbogen des Fensters unter den Scheidbogen und collidirt mit ihm, so dass entweder ein Stück Scheidbogen hat ausgestemmt werden müssen oder von dem Scheitel des Fensters eine Handbreit ganz verschwindet. Die Ursache dieser hässlichen Unordnung ist nicht mehr zu ermitteln; ist das Masswerk bei einem auswärtigen Meister bestellt gewesen und hat dieser sich in der Berechnung des

---

*) Die Ansichten der Bauverständigen, die ich wegen dieses Gewölbes befragte, gingen auseinander; einige wollten das Netzwerk für eine angenagelte Decoration halten, andere für ein regelrecht construirtes Rippengerüst. Von competentester Seite indessen wird die Richtigkeit der letzteren Ansicht verbürgt.

Massstabes geirrt, hat ein hiesiger Meister, trotzdem er jeden Augenblick seine Fensterflächen im Bau nachmessen konnte, sich so heillos versehen; hat ein Bauführer oder gar Meister Poppelken selbst beim Einsetzen solche Nachlässigkeit bewiesen? Genug, das Maasswerk scheint erheblich zu gross zu sein und sitzt nun in den Wänden wie in einem zusammenquetschenden Procrustes-Bette da. Auffallend ist das durchaus romanische Portal in dieser Wand, die in den Details der Fenster des Obergeschosses nur Formen des spätesten Mittelalters zeigt, Fischblasen und dgl. und die völlige Styllosigkeit des Maasswerks im Untergeschoss. Dieses Portal wurde schon nicht ursprünglich für die Kapellenwand gearbeitet, welche, wie wir sahen, etwa aus der Mitte des vierzehnten Jahrhunderts stammt, noch weniger hat Poppelken, den Styl der Westportale unter den Thürmen nachahmend, es eingesetzt; es scheint vielmehr bei der Kapellenanlage aus der nördlichen Umfassungsmauer des Seitenschiffes, die ja ohnehin weggenommen werden musste, weggebrochen und an seinen jetzigen Platz gesetzt zu sein. Zwei bronzene Löwenköpfe, die schwere Thürklopferringe im Rachen halten, zieren die Thürflügel und deuten in ihrem harten Styl auf ein hohes Alter; nach ihrer Familienähnlichkeit mit dem berühmten Braunschweiger Löwen zu schliessen, sind sie vielleicht in derselben Werkstatt mit diesem entstanden. Diese Köpfe, aus derselben Form gegossen, sind auf Bronzeplatten jüngeren Ursprungs festgenietet, von denen die eine in gothischen Buchstaben als schönes Zeugniss christlicher Toleranz die Umschrift trägt: Wer in de Kerken nicht gheyt, ewig pine is eme bereyt.

Die andere Umschrift ist modern und enthält nur ein paar Jahreszahlen.

Das Portal und das sich über ihm erhebende mächtige sechstheilige Fenster, sind die einzigen Unterbrechungen der öden oberen und unteren Fensterreihe; das breite Fenster des nördlichen Kreuzarmes, gleichfalls vor den übrigen sich durch grösseren Reichthum auszeichnend, liegt schon zu sehr abseits und von dem vorspringenden Waisenhause zu verdeckt, um noch auf die Wirkung der Nordfaçade Einfluss zu haben.

Gleichzeitig mit der Anlage des Sterngewölbes scheint ein kleines Werk im Innern entstanden zu sein, das ebenfalls auf das letzte brillanteste Finale der Gothik deutet, zwei kleine Emporen an der östlichen Wand der Kreuzarme. Auf vier einfachen, von achteckigen Säulchen gestützten Kreuzgewölben liegt der Fussboden, der auf der nördlichen Empore durch ein steinernes Gitterwerk von äusserster Finesse eingefriedigt wird. (An der südlichen ist dieses Gitterwerk entweder zerstört oder sie hat es nie besessen; jetzt wenigstens hat sie nur eine elende Holzgallerie.) Die bedenkliche Form des sog. Eselsrückens wiegt schon vor; aber bei der tändelnden Liebenswürdigkeit, mit der sie behandelt ist, vergisst man ganz ihre eigentliche innere Unmöglichkeit; die schlanken Bögen neigen sich fast wie Blumenstäbe zu einander, und rings umher spriesst so reiches, zierliches Laubwerk, drängen sich so schlanke Fialen empor, dass man eher an die strenge Gesetzmässigkeit architectonischer Construction erinnert wird. Das Thürchen zu dieser Empore ist mit einem ganzen Haufen graziös geschnitzter Holzfialen bekrönt, die so keck und lebensfrisch emporsteigen wie ein junger Tannenwald in Miniatur. Bei der grossen Schmucklosigkeit des Domes wirkt eine so plötzliche Anhäufung blühenden Reichthums doppelt überraschend und erfreulich.

Ueber die Brüstung der Orgelempore, die derselben Zeit und vielleicht demselben Meister entstammt, werden wir eingehender sprechen, wenn wir von den Sculpturen des Domes handeln.

Zwanzig Jahre arbeitete Meister Poppelken an seinem Umbau; um 1522 war er vollendet, um jene Zeit, wo in Italien die Renaissance schon ihren Höhepunkt fast überschritten hatte und in immer üppigerer Prachtentfaltung den Todeskeim in sich nährte, wo in Süddeutschland schon Holbein und Dürer der neuen Kunstweise mit mächtigen Händen Bahn brachen. Aber bis jene Ideen hier in Bremen die herrliche Blüte treiben sollten, die wir am Rathhause bewundern, musste noch ein grosser Prozess sich vollziehen, jener Prozess, der eben um diese Zeit ganz Deutschland in seinen innersten Fasern aufregend berührte. In dem Jahre 1520, wo bei der Weihung des nördlichen Domschiffes die Bremer Clerisei noch im vollsten Sonnenglanze ungetrübter Machtfülle sich sonnte, und psallirte und perolirte, als ob das lustige Leben bis in alle Ewigkeit so fortgehen müsste, trat ein Mann in unsere Mauern, vor dem die von Selbstbewusstsein und Lebenssaft gerötheten Gesichter der Pfaffen plötzlich erbleichten. Dieser Mann, der noch kaum ahnen mochte, dass die schlichten Vorträge, die er auf Wunsch einiger Bürger in St. Ansebarii hielt, zu einem mächtigen „Halt!" werden sollten, vor dem alle Herrlichkeit des projectirten Dombaubaues zu Nichte wurden, war Heinrich von Zütphen.

Mit dem Auftreten der Reformation in Bremen ist unsere Geschichte des Dombaues der Hauptsache nach beendigt. Jener innige Zusammenhang zwischen der jeweiligen Gesinnung und Glaubensrichtung der Zeit und ihren künstlerischen Formen dauert natürlich auch jetzt noch fort. Denn die künstlerische Form ist ein von dem Gesammtcharacter eines Volkes nicht zu trennender Factor, und falls alle anderen Zeugnisse über Religion und Geistesleben erlöschen sollten, liessen sich aus ihr die sichersten Rückschlüsse darauf ziehen. Aber die seit der Reformation zur Herrschaft gelangte Geistesrichtung hat unserem Dom nur in so unbedeutendem Masse ihren formalen Stempel aufgedrückt; sie hat, ohne sich künstlerisch bethätigen zu wollen, nur gewisse, durch den neuen Cultus bedingte Einrichtungen zu Gunsten practischer Nützlichkeit getroffen, dass wir die eigentliche Baugeschichte hier wohl für beendigt erklären dürfen. Die Reformation hatte so viel zu thun, die innere, geistige Kirche wieder aufzubauen, dass sie für die äussere, steinerne keine Zeit mehr hatte. Ausserdem hatte der Katholicismus die Welt mit steinernen Kirchen so reichlich versorgt, dass der Protestantismus an eine Erweiterung oder Vermehrung derselben kaum zu denken brauchte.

Je weniger also der neue Umschwung der Dinge sich baulich documentirte, um so weniger darf an dieser Stelle der Versuch gewagt werden, die Geschichte der Reformation in Bremen, und sei es auch nur in flüchtigen Umrissen, darstellen zu wollen. Heinrichs von Zütphen stille, heroische Wirksamkeit, sein späterer Flammentod zu Meldorf in Dithmarsen, Bornemachers cynisch-grausames Martyrium zu Verden, Erzbischof Christoffers leidenschaftliche Hierarchengestalt, sowie der Tumult der 104 Männer und die peinvolle Belagerung unserer Stadt durch Herzog Erich von Braunschweig, die rettende Schlacht bei Drackenburg — alles das darf hier kaum andeutungsweise berührt werden. Indessen dürfen wir den für Bremen und zumal für unsere Kathedrale verhängnissvollen Streit, der gleich nach dem entscheidenden Siege des Protestantismus unter seinen eigenen Pastoren ausbrach, nicht ganz unerwähnt lassen; wenn wir auch den Leser mit den masslosen Grobheiten und Arroganzen, die namentlich um jene Zeit von theologischen Controversen untrennbar waren, verschonen wollen. Das Lutherthum war die herrschende Ansicht in Bremen geworden; als aber nach der Schlacht bei Drackenburg der mehr zur melancholischen Seite neigende Dr. Hardenberg sich hier niederliess und bald in allen Kreisen der Bevölkerung einen grossen Verehrerkreis um sich sammelte, brach die Zwietracht in ihrer widerwärtigsten Form aus. Hardenberg und sein Freund und Beschützer, der geniale Bürgermeister Daniel von Büren trugen nach vielen wechselvollen Kämpfen den Sieg davon. Freilich wurde Hardenberg selbst verbannt auf Nimmerwiederkehr; aber seine Auffassung der strittigen Dogmen triumphirte.

Die Reformation war den Künsten nicht hold; nur die Musik und die Poesie des geistlichen Liedes liebte und nährte sie. Und wenn wir auch ihre edlen, humanen und hochgebildeten Vorkämpfer nicht für die schnöden Excesse der Bilderstürmer verantwortlich machen dürfen, so können wir sie doch von einer entschiedenen Feindseligkeit gegen Alles, was auf Schmuck des Cultus, Erlabung des Gemüthes durch ästhetische Mittel und Erregung und Verklärung der Phantasie zielte, nicht freisprechen. Es ist uns betreffs des Domes zwar nichts von bilderstürmerischen Scenen berichtet; dennoch sollte man fast annehmen, dass dergleichen zwar nicht tumultuarisch, aber in aller Stille und Ordnung vor sich gegangen. Die Entfernung der Altäre haben wir schon erwähnt. Sodann ist es auffallend, dass der ganze Dom nicht ein mittelalterliches Glasgemälde besitzt, obwohl doch ohne Frage aus dem reichen Masswerk der Fenster farbige Ornamente und Heiligenfiguren hernieder geleuchtet haben. Ferner befremdet die barbarische Formation des Masswerkes in den unteren Fenstern der nördlichen Mauer. Diese bloss kreuzweise wie Weidenruthen übereinander gelegenen Stangen sind so unsagbar nüchtern und phantasielos, dass sie schwerlich in irgend einer gothischen Periode entstanden sind; vielmehr scheinen sie in späterer Zeit nothdürftig eingeflickt zu sein.

Wenn das Volk sich der Zerstörung der Fenster enthielt, so ist es wahrscheinlich, dass wohldenkende Verwalter des Domes diese Reminiscenzen an den Katholicismus, die ja nur Aergerniss geben konnten, entfernten. Der Dom war von 1532—1547 und hernach wieder von 1561—1638 allem Gottesdienst entzogen und geschlossen. Manche in jener Frist von Knabenhänden muthwillig zerstörte Scheibe mag den Gedanken, die Glasmalereien ganz wegzunehmen, willkommenen Vorwand geboten haben. Vielleicht ist bei solcher Gelegenheit auch das Masswerk der unteren Fenster der Nordseite renovirt. Ueber das „Wann" hängt allerdings tiefes Dunkel.

Eine Art Anhaltspunkt haben wir betreffs der Uebertünchung der Wände. Beim Bericht über den Einzug des Erzbischofs Heinrich 1580, der nach Bremen kam, um als Landesherr die Huldigung entgegen zu nehmen, heisst es, der Dom und die Liebfrauenkirche seien bei dieser Gelegenheit neu geweisst. Eine Uebertünchung muss also schon früher vorgekommen sein. Sie liegt dem Geiste des Katholicismus so fern, dass wir sie nicht vor die Reformation setzen können; sie liegt dem Geiste der neugestalteten Kirche so nahe, dass wir nicht umhin können, sie ihm, und zwar als baldige Documentirung seiner Herrschaft zuzuschreiben. An Tafelgemälden und Bildwerken ist der Dom wohl nie reich gewesen; von ersteren hat sich aus gothischer Zeit so gut wie Nichts erhalten; einige wenige Sculpturen haben sich indessen aus der grossen Ernüchterungsperiode der Kirchenformen unter dem Protestantismus in unsere Tage herüber gerettet.

Die Unglücksfälle des siebenzehnten Jahrhunderts.

Nachdem die reformatorischen Stürme vorüber gebraust waren, trat für den Dom eine Zeit tiefer, langer Ruhe ein. Keine von alle den Parteien, die in ihm und um ihn gestritten hatten, gelangte in seinen Mauern zur Herrschaft; er wurde geschlossen. Ausgestorben und unheimlich wie eine verzauberte Burg ragte er über dem bunten Getriebe zu seinen Füssen empor; aber ganz im Geheimen arbeiteten unsichtbare Geisterhände in seinem Dunkel.

Die nächste Nachricht über ihn giebt uns die Chronist Peter Koster. Sie contrastirt in ihrem trockenen Chronikton so schneidig mit dem donnernd wilden Ereigniss, welches sie berichtet, dass wir sie unverändert hierher setzen.

„Anno 1638 d. 27 January Sonnabends Nachmittags um zwei Uhr ist der kleine Thumbs-Thurm bei stillem Wetter umgefallen oder vielmehr mit den darin hangenden acht grossen und kleinen Glocken herunter gestürzt, wodurch die beyden negsten Häuser ganz zerschmettert und acht Personen darinnen todt geblieben. Als in dem ersten und Negsten die alte Kreyenborgsche, so über 100 Jahre alt gewesen seyn soll, eine Jungfer Matje Kosters genannt, eine Magd und noch eine Jungfer von der Hoya bürtig. In den Kreyenborgschen Keller unter ihrem Hause aber auch eine alte Frau, die Süllmansche, deren Tochter, eine Wittibe Gambke genannt sammt zwei Kindern oder Mägden sein zusammen 8 Menschen; das dritte Kind aber, ein Knabe etwa von 6 Jahren, Woker genannt, ist durch Gottes Gnade wunderbarlich unter einem kleinen Tische, welcher doch ganz nadber mit Bergen von Steinen befallen gewesen, erhalten und nach grosser angewanter Mühe mit weg Räumung und unter grabung des Orts endlich noch gesund und frisch heraufgezogen."

Die Schuld dieses Unglücks misst der Chronist „den frechen, in aller üppigkeit und mehrentheils in unzucht lebenden Thumbs-Herren bei, die nur ihrem Bauch dieneten und die grossen Präbenden frassen." Während der langen Zeit, die der Dom geschlossen war, gab man sich nicht die Mühe, für seine Instandhaltung zu sorgen; leise, aber ununterbrochen rieselte Mörtelstaub und Sand abwärts, hie und da brach ein verwitternder und gelockerter Quader aus den Fugen; eiserne Klammern lösten sich und stürzten mit dumpfen aber ungehörten Warnungsruf herunter; für ein solides Fundament hatten ohnehin in ihrem hastigen Baueifer weder Beszelin noch Adalbert Sorge getragen. Der Baugrund war ja so ausgezeichnet, man glaubte, ihn getrost alle erdenklichen Lasten aufthürmen zu dürfen, Lasten, welche in den folgenden Bauperioden noch leichtsinnig vermehrt wurden. So war die Katastrophe von langer Hand vorbereitet. Die unscheinbarste Kleinigkeit, das Abrutschen eines einzigen Quadratfusses Stein, das Durchrosten einer einzigen Klammer genügte, um mit Donnern und Krachen den Dämon der Zerstörung triumphiren zu lassen.

Kaum war das Ereigniss geschehen, als auf Intervention des Rathes der nördliche Thurm einer umfassenden Reparatur unterzogen wurde; die Ruinen des Südthurms aber liess man durch Wegbruch der noch drohend aufragenden Reste unschädlich machen. An einen Neubau war in dieser Zeit des dreissigjährigen Kriegselends nicht zu denken; nicht einmal den Wunsch scheint man gewagt zu haben.

Achtzehn Jahre nach diesem Unglück suchte ein zweites den Dom heim. Wir rücken die treffliche Schilderung des alten Peter Koster hier im Wesentlichen ein.

„Am 4. Februar: die Veronica 1656 war früh Morgens ein starker Sturm aus Osten; bei fortwährendem Schneefall geschahe um halb Neun ein starker Blitz und harter Donnerstreich gleichsam in einem Moment und ward weiter Nichts gehört. Bald darauf ward es klar Wetter mit hellem Sonnenschein und ging der Wind um nach Westen jedoch gar sanft und ohne Sturm. Kurz vor zwölf ward Feuer geläutet und befunden, dass die hohe, schöne Thurmspitze voller Feuer war, welches sich allernächst über dem Mauerwerk aus einem Fensterloch sehen liess, sammt einem überaus grossen Dampf, welcher überall aus dem Kupfer hervorbrach und sich rings der Spitze bis an den Knopf hinaufzog. Das Volk fand sich in aller Eile bei grossen Haufen zusammen; weil aber keine Möglichkeit zu retten war, und der Fall des Thurmes an allen Ecken vermuthet ward, auch das geschmolzene Blei aus der Gosse zwischen dem Thurm und dem Kirchendach wie Wasser herunterlief, wagte sich Niemand in die Nähe der Glut. So haben viele tausend Menschen diesem Spectacel in Angst und Schrecken zugesehen, in der Erwartung, wohin endlich das lodernde Gebälk seinen Fall nehmen werde. Auf dem Rathhause traf man Vorbereitung, die wichtigsten Acten zu retten, ringsum in der Nachbarschaft der Kirche flüchteten die Leute mit ihrer besten Habe in Sicherheit; die vier Stadt-Spritzen, deren Strahl das hohe Feuer nicht zu erreichen vermochte, standen unthätig den Sturz der Spitze erwartend auf dem Markte. Die Pforten der Stadt wurden verschlossen, mit Trommelschlag die Soldaten aufgeboten. Zur Steigerung des Schreckens und der allgemeinen Verwirrung erscholl auch aus der Neustadt Feuerjo! herüber, welches sich aber bald als blinder Lärm auswies. Um Mittag war die Glut im Thurm so gross, dass die beiden Flanken nach Norden und Süden sich öffneten, das Kupfer, durch die Hitze gekrümmt, sich losriss und rings umherflog, während unter dem Krachen des Gebälkes die Flamme weit und breit herausschlug. Hinüber und herüber schwankte die Spitze, endlich senkte sie sich gegen Süden, stürzte und lag quer über dem Dach der Kirche. Alsbald fing auch dieses Feuer, während im Inneren des Thurms die Flamme weiter wüthete. Das zerschmelzende Uhrwerk trieb den Zeiger auf dem Zifferblatte hin und her; das Volk hörte die Uhr noch schlagen, wie wenn sie in der Todesnoth um Hülfe schrie.

Nun die Spitze niedergeschlagen war, drangen die Bürger und besonders die klettergeübten Schiffer auf das Kirchendach; die Spritzen begannen ihre Arbeit, Soldaten mit Leitern und Löscheimern thaten ihr Bestes, und nach hartem Kampf wurde das wilde Element wieder gebändigt. Abermals gegen Abend ging der Wind herum und trieb hohe Funkengarben nach dem

5*

Rathhause zu; aber man liess die Glut nicht wieder aufkommen. Rathsherren und Bürger wachten die ganze Nacht bei dem Feuer, das wie eine mühsam gezähmte Bestie in jedem Augenblick zu neuem Kampf aufzuspringen drohte. Erst am folgenden Tage war alle Gefahr vorüber.

Der Chronist preist am Schlusse seines Berichtes Gottes Gnade, die ein schlimmeres Unheil verhütet habe; zu angstvoller Erwartung eines neuen Strafgerichts aber regt ihn die Erscheinung eines Storches an, der den 6 16. Februar, bei hellem Wetter und Sonnenschein, auch starkem Froste sich über der Stadt sehen lassen und über U. L. F. Kirchhof in einem Circul etliche vielmal, multis spectantibus herum geflogen. „Gott gebe, dass dieses zu so gar ungewöhnlicher Winterszeit entstandene Wetter, zusammt darauf erfolgtem effect und geschehen Sommerlast nicht etwas mehreres nach sich ziehen oder böses mit sich bringen möge.“

Einen Wiederaufbau der stolzen Pyramide versagte man sich. Wer hätte ihn auch veranlassen sollen? Der Dom war im westphälischen Frieden ebenso wie aller andere Besitz der ehemaligen Erzbischöfe an die Krone Schweden gekommen. Schweden hatte kein Interesse daran, ob in Bremen ein stattlicher, der Würde der blühenden Hansestadt angemessener Thurm stehe oder nicht; — Bremen aber hatte kein Interesse, ob der den Schweden gehörige Dom eine Thurmspitze habe oder nicht. So flickte man denn ein elendes Schutzdach auf den Quaderbau; und der Thurm stand da als ein beredtes Zeugniss und Symbol so vieler unnatürlicher, nothdürftig zusammengeflickter Zustände in deutschen Landen. Da sich später kaum Gelegenheit finden wird, der Oberhoheitsrechte über den Dom zu gedenken, so sei hier vorweggreifend erwähnt, dass durch den Frieden von Stockholm 1719 die schwedischen Besitzungen um und in Bremen an das Churfürstenthum Hannover übergingen, mithin zur Besserung dieser heillosen Zerrissenheit im Schosse der Stadt kein Schritt vorwärts gethan wurde. In Folge dieser Verhältnisse war die gewöhnliche Marktpolizei (von schwierigeren Rechtsfragen gar nicht zu reden!) in Bremen fast eine Unmöglichkeit geworden. Wer auf dem Markte irgend wie Ursache hatte, den Bremer Gerichtsdienern auszuweichen, trat zwei Schritte bei Seite und befand sich im Auslande, unangreifbar seinem Verfolger in die Zähne lachend. Endlich 1802 gelang es der Klugheit und dem Glücke bremischer Diplomaten bei dem Reichsdeputationshauptschluss zu Regensburg, den Dom und die sonstigen ehemals erzbischöflichen Gelände in Bremen nebst einigen Dörfern in dessen nächster Nähe zu gewinnen.

Die jetzige garstige Spitze, die sog. wälsche Haube, wurde dem Thurm im Jahre 1767 aufgesetzt. Vielleicht hat auch um diese Zeit das Rosefenster der Westfaçade seine brutalen Speichen erhalten, die sich eher für ein Mühlrad zierten, als für eine Rose. Diese, in der ganzen gothischen Architectur immer ein Lieblingspunkt der Meister, an dem sie ihre raffinirtesten geometrischen Combinationen hervorsprudeln lassen, war auch einst an unserem Dom in reicher Schönheit ausgebildet. Aechte Abbildungen z. B. in Kosters Chronik, zeigen sie noch nach dem Brande von 1656 dem frühgothischen Styl entsprechend aus strahlenförmig auseinanderschiessenden Säulchen gebildet, über deren Kapitälen sich zierliche Rundbögen durchkreuzten. Jetzt überbietet sie an plumper Phantasielosigkeit noch das Masswerk der unteren Fensterreihe an der Nordseite.

Als letzter Nachzügler so vieler baulichen Revolutionen sei hier eine in diesem Jahrhundert vielleicht in den zwanziger Jahren aufgeführte Mauer erwähnt, welche den nördlichen und südlichen Kreuzarm von der Vierung scheidet, indem sie den Chor unmittelbar mit den Arkaden des Langhauses verbindet. Diese Arkaden werden in der Mauer durch Blendbögen nachgeahmt und scheinbar fortgesetzt. Vermuthlich hat irgend eine aus dem Cultus hervorgehende Nothwendigkeit der künstlerischen Anordnung des ganzen Baues diesen schweren Stoss versetzt, durch den die ästhetische Wirkung des Kreuzschiffes fast ganz verloren geht und das Langschiff eine höchst unschöne Länge erhält.

Ein, wie es scheint, nothwendiges Uebel in protestantischen Kirchen sind die eingebauten hölzernen Emporen, welche, so malerisch wirkungsvoll sie in kleinen, architectonisch styllosen Dorfkirchen oft sein mögen, überall, wo ein fester Styl bereits vorhanden war, sich sehr störend zwischen die Pfeiler klemmen, an die Wände lehnen und die Fenster durchschneiden. Seit unser Dom protestantischem Gottesdienst dauernd geöffnet war, haben sich zu den verschiedensten Zeiten Emporen angesiedelt, systemlos, unsymmetrisch, bald hoch, bald niedrig, bis endlich in jüngerer Zeit durch Herrn Dombaumeister Wetzel Ordnung und Einheit geschaffen wurde. Von ihm rühren die gothischen Brüstungsornamente her, während er vielleicht mit zu strenger Pietät die grosse Gallerie gemalter biblischer Idealköpfe aus dem siebenzehnten und achtzehnten Jahrhundert, welche ehemals die Emporen geschmückt hatten, auf's Neue zur Decoration verwendete.

Die Anbauten.

Im verflossenen Jahre haben wir uns mit rühriger Hand jenes Rechtes bedient, welches der Lebende über die Todten hat. Der alte Kreuzgang, der in vielen Theilen noch aus der Zeit Liemars, wo nicht gar Bezelins stammte, hat fallen müssen, um dem grossen Saalbau neben dem Dome Platz zu machen. Zwar ist ein neuer Kreuzgang auf der Stelle des alten wieder errichtet, einzelne Fragmente sind sogar wieder benutzt und vermauert worden; der Architect hat sich alle Mühe gegeben, so pietätvoll zu verfahren, wie es die Rücksichten auf den grossen, unabweisbar nothwendigen Neubau irgend erlaubten; nichtsdestoweniger müssen wir uns sagen, dass der alte Kreuzgang verschwunden ist. Eine Stadt, so arm an Denkmälern romanischer Architectur wie Bremen, darf solchen Verlust beklagen, wenn sie sich auch keineswegs verhehlen kann, dass wichtigere, zum modernen Leben in engster Beziehung stehende Interessen ihn geboten haben. Der alte Kreuzgang war ein Stück Vergangenheit; freilich war er in der Gestalt, in der wir ihn gekannt, durchaus nicht lieblich anzusehen, ja zum Theil einer Rumpelkammer ähnlicher als einem freundlichen Spaziergang für würdige Domherren. Leitern und Feuereimer und alte Kisten und Packstroh und zerbrochene Stühle lagen wüst übereinander; die Scheiben in den Fenstern zwischen den Säulchen erlagen, trotz aller Erneuerung, immer wieder den Steinwürfen der Schuljugend; durch grosse, plump zwischengebaute Planken und Thüren war ohnehin jede architectonische Wirkung unmöglich gemacht. Keiner dieser Uebelstände wird hinfort mehr vorkommen, aber dafür ist Bremen auch um ein Werk aus dem elften Jahrhundert ärmer. Unter welchem Erzbischof der Kreuzgang gebaut wurde, ist nicht genau festzustellen. Bezelin hat nach dem Brande 1043 neben dem Dom auch das Capitelhaus neu begründet und letzteres vielleicht ganz vollendet. Sein Nachfolger brach es wieder ab, um das Material für den Dom zu benutzen. Von einem Neubau durch Adalbert wird Nichts berichtet; wahrscheinlich fiel dem Liemar die Aufgabe zu, das schmähliche Provisorium, die Chorherren in der Stadt einzuquartieren, wieder abzuschaffen und den Bau eines Capitelhauses ins Werk zu setzen. Es unterliegt wohl keinem Zweifel, dass mit diesem zugleich der Kreuzgang entstanden.

Mit drei Seiten (die Südseite des Doms war die vierte) begrenzte er einen quadratischen Hof, dessen Erde, wie die Sage berichtet, vom heiligen Lande geholt wurde, und der als Begräbnissstätte wohl zunächst für die Chorherren diente. Kleine romanische Säulchen mit Würfelcapitälen und Eckknollen an den Basen standen in den Fensteröffnungen; der Dachstuhl lag frei auf. Erst in späterer Zeit, wahrscheinlich gleichzeitig mit der Einwölbung des Hauptschiffes im Dom, wurde auch der Kreuzgang gewölbt. Die Rippen ruhten an den Wänden auf sehr einfachen Consolen und theilten jeden Flügel in zehn quadratische Joche.[*] An den Wänden waren allerlei Reliefs, Grabsteine und Gedenktafeln vermauert, auf die wir später bei Besprechung der einzelnen Denkmäler theilweise noch zurückkommen werden.

An die Ostseite des Kreuzganges und die Südseite des Dom-Querschiffs schliesst sich jene Halle, die, seit sie zum Sammelplatz des Künstlervereins geworden, im Laufe von nicht zwei Jahrzehnten einen fast massgebenden Einfluss auf das geistige Leben Bremens gewonnen hat.

Bei den äusserst dürftigen Nachrichten, über alle Bauthätigkeit, die uns das Mittelalter hinterlassen, fehlt uns auch über den Ursprung dieser Halle jede urkundliche Notiz; die stumme Sprache der Steine deutet aber auf frühgothische Zeit. Ganz klar ist selbst die ursprüngliche Form nicht erhalten; denn zu den verschiedenartigsten Zwecken wurde der Raum verändert. Ob er Refectorium, Dormitorium oder Bücherei des Capitelhauses war, ist nicht mehr zu ermitteln, vielleicht keins von allen, sondern eine Art Aula für die berühmte Domschule. Jedenfalls erhielt er später diesen letzteren Character, als 1684 gegen den Willen des Rathes die Domschule zum Athenäum, d. h. einem Gymnasium mit sechs Classen umgeschaffen wurde. Hernach, als nach dem Uebergange des Domes an die Stadt Bremen 1803[**]) das Institut einging, verkam auch die Halle, und mit dem für jene Zeit characteristischen Mangel an Pietät, wurden Mauern durchgebaut, die allen künstlerischen Habitus vernichtend, eine Vermiethung zu geschäftlichen Zwecken ermöglichten. Zufällig entdeckte Herr Architect Müller in einem Wuste von Tabacksfässern und Gerümpel die schönen Gewölbe, welche alsbald durch ihn regenerirt und 1857 durch den damals im Entstehen begriffenen Künstlerverein einer würdigeren Bestimmung gewonnen wurden. Drei Schiffe zu je neun Gewölbejochen öffnen sich dem Besucher; fremde Gäste erstaunen über ein so geräumiges Lokal, welches in einer Handelstadt ein „Künstlerverein" sich schaffen konnte. Dieser Verein zählt aber ca. 1700 Mitglieder, unter denen die Künstler eine verschwindende Minorität bilden. — Vor einigen Jahren wurde, während man über der Halle einen mächtigen Saal erbaute, der alte Backsteingiebel der Südseite abgebrochen. Er stammte aus späterer Zeit als die unteren Gewölbe, vielleicht aus dem Ende des sechszehnten Jahrhunderts.

Gleichfalls aus der Zeit des Domcapitels, spätestens aus dem Anfange des sechszehnten Jahrhunderts, rührt ein anderer Bau her, der mit dem Dom und der Künstlervereinshalle nicht unmittelbar zusammenhängt; aber doch entschieden als Anbau des Domes aufgeführt werden muss, die Glocke. Diese war ein achteckiger Saal, in dem das Capitel seine Conventsitzungen abzuhalten pflegte; jetzt ist sie gleichfalls für die Zwecke des Künstlervereins so umgebaut, dass sie nur ihren achteckigen Contour behalten hat, während ein Souterrain und ein aufgesetzter zweiter Stock die Höhenverhältnisse durchaus geändert haben. Auch der alte, characteristische Name „Glocke" hat sich verloren und an seine Stelle ist die öde, abstracte Bezeichnung „Octogon" getreten.

Gleichzeitig mit der Einwölbung des Domes, wenn nicht ihrer ersten Anlage nach noch früher, entstanden endlich die für den kirchlichen Haushalt nöthigen Räume, Tresekammer,

---

*) Zehn Joche: d. h. die Felderlänge doppelt gezählt.

**) Rotermund (Gesch. der Domkirche p. 280) nennt die Halle, welche die verbesserte Domschule 1664 überwiesen wurde, „die untere Capitelstube oder das Hybernaculum."

Sacristei und dgl. Sie liegen nördlich und südlich vom Chor; da sie aber historisch indifferent sind, und auch mit ihren einfachen Kreuzgewölben künstlerisch nichts Bemerkenswerthes liefern, dürfen wir füglich auf eine detaillirte Besprechung verzichten. Weil er für den Fremden als Sehenswürdigkeit gilt, sei noch der Bleikeller allenfalls erwähnt, jenes unbehagliche Gewölbe mit der trocknen, ausdörrenden Luft, in der ein paar unglückliche Leichname liegen, die anstatt in ruhiger Verwesung in das All-Leben der Natur zurückzukehren hier eine mumienhafte, todte Individualität bewahren müssen.

Mit Schmerzen müssen wir auf eine Besprechung des Palatiums der Erzbischöfe ganz und gar verzichten. Denn kein Stein des alten Gebäudes, an dessen Stelle zu Anfang dieses Jahrhunderts der nüchternste Bau Bremens, das Stadthaus, errichtet wurde, ist auf dem andern geblieben. Nicht einmal Abbildungen dessen, was man damals niederriss, sind vorhanden. Eine Ansicht des Rathhauses in der Koster'schen Chronik zeigt ein Stück des Palatiums in groben Renaissance-Formen; wir schliessen daraus, dass der ursprüngliche Bau im siebenzehnten Jahrhundert wesentlich umgewandelt wurde. Das ist, ausser wenigen, kunstgeschichtlich indifferenten Nachrichten Alles, was wir wissen; wahrlich! traurig wenig für eine Stätte von so weitreichender Bedeutung.

Der geistvolle Kunsthistoriker Franz Kugler bezeichnete unseren Dom als in manchem Sinne räthselhaft. Wenn es solchem Forscher nicht gelang, eine Erklärung für vielfache bauliche Inconsequenzen und Sonderbarkeiten zu finden, so dürfen auch wir getrost das Bekenntniss ablegen, dass es uns nicht möglich war, überall für die äussere Erscheinung auch den inneren Grund erkannt zu haben. Kuglers aphoristische Bemerkungen beruhen auf einer theilweise irrthümlichen Annahme betreffs der Geschichte; seit 1851, wo seine Schrift „Kunstgeschichtliche Notizen aus Bremen" erschien, ist von unseren Historikern viel gearbeitet und manches Dunkel aufgehellt. In dem wir von diesen Arbeiten Vortheil ziehen durften, haben wir vielleicht hie und da einiges berichtigen können, obwohl wir das Hauptverdienst solcher Berichtigungen dem Werke von H. A. Müller zuerkennen müssen, dem in allem Wesentlichen beizupflichten, wir genöthigt sind.

Werfen wir noch einmal einen kurzen Blick auf den durchmessenen Weg zurück, so sehen wir zuerst den Holzdom Willehads; dann an seiner Stelle den steinernen Dom Willerichs, der, abgesehen von einzelnen Veränderungen und Erweiterungen, die zwar nicht urkundlich bewiesen aber doch wahrscheinlich sind, bis gegen die Mitte des elften Jahrhunderts dauert. Nun beginnt Bezelins Bau im Jahre 1043. Spuren dieses Baues finden wir in dem westlichen Theile unseres heutigen Domes, d. h. in den Vorhallen unter den beiden Thürmen, in dem jetzt als Orgelempore dienenden westlichen Chor und der ersten nördlichen und südlichen Arkade des Langhauses, endlich in den drei westlichen Jochen der Andreaskrypta. Wir verfolgen sodann Adalberts Bauthätigkeit. Von ihr rühren die Arkaden des Langhauses, die Kreuzarme, das Chor und die Marienkrypta her, sowie derjenige Theil der Westfaçade, der noch den reinen Rundbogenstyl aufweist. Wir sehen Adalberts Nachfolger Liemar, gleichfalls baulich thätig, eine umfassende Restauration des durch Brand beschädigten Adalbert'schen Baues, vielleicht sogar dessen Vollendung vornehmen. Am Ausgange des zwölften oder Beginn des dreizehnten Jahrhunderts geschieht in der Einwölbung der Seitenschiffe, der erste Schritt zu jener Umgestaltung des Domes, die in der Einwölbung des Mittelschiffes und der Aufführung der oberen Façadentheile am Ende des dreizehnten Jahrhunderts ihm im Wesentlichen denjenigen Character verleihen, den er heute noch bewahrt. Unter Burckhart Grelle sehen wir den Ausbau des südlichen Thurmes durch Donebley; bald darauf, um die Mitte des vierzehnten Jahrhunderts, begegnen wir (wenn unsere oben ausgesprochene Hypothese bestehen bleiben darf) der Anlage der südlichen und der nunmehr verwischten nördlichen Kapellenreihe. Etwa hundert Jahre später erhielt der Nordthurm seine hohe Spitze; dicht vor dem Abschluss des Mittelalters beginnt Poppelken in Zusammenziehung und gemeinsamer Einwölbung des nördlichen Seitenschiffes und der nördlichen Kapellenreihe die Verwandlung des Domes aus einer quasi fünfschiffigen Basilika in eine dreischiffige Hallenkirche. Die grosse kirchliche Umwälzung hindert die Durchführung dieses Unternehmens. Die im siebzehnten Jahrhundert über die beiden Thürme hereinbrechenden Missgeschicke sind endlich die beiden letzten Factoren, die dazu beigetragen, dem Dom seine heutige Gestalt zu geben.

Seitdem im vorigen Jahre durch den Abbruch der letzten Privathäuser, die sich an den Dom angeklebt hatten, der ruinenhafte Zustand des südlichen Thurmes völlig blossgelegt ist, hat der Gedanke an eine mehr oder weniger weitgehende Erneuerung wohl in allen Kreisen unserer Stadt Eingang gefunden. Dass der jetzige Anblick der Façade nicht auf Jahre hinaus ein modus vivendi bleiben könne, wird auch dem zweifellos sein, der sonst aller Baulust abhold ist. Möge ein späterer Geschichtsschreiber des Domes, der die Bauperiode am Ausgange des neunzehnten Jahrhunderts bespricht, seine Zeitgenossen auf ein Werk hinweisen, in dem sich Wesen und Eigenart des heutigen Geschlechtes würdig darstellen, auf ein Werk, das wir mit Stolz unsern Nachfahren vererben können.

Trotz so vieler Umwandlungen zeigt also unser Bau auch heute noch keine definitive Gestalt, und mit einer Perspective auf die Zukunft müssen wir unsere Erzählung mehr abbrechen als beschliessen.

Die Denkmäler.

Unser Dom ist an Denkmälern traurig arm: ein Bildwerk ersten Ranges hat er garnicht aufzuweisen, zweiten Ranges wenige: selbst das gewöhnliche handwerkliche Decorationsgut ist nur spärlich vertreten. Die rauhe Scholle Niedersachsens ist keine Heimath für die zarten Blüten der Kunst. Der göttliche Leichtsinn, der am Ende doch auch in der Seele des ernstesten Künstlers ein unentbehrlicher Factor ist, fehlt unserem Volke, so wie ihm des Leichtsinns lachender Vater, der Wein, fehlt. Gewiss, die kargere Natur hat den Sinn des Niedersachsen auf andere Ziele als den heiteren Genuss eines schmuckvollen Lebens hingewiesen. Erst als die Renaissance ihr unwiderstehliches Evangelium der Lebenslust in alle Lande trug, war auch bei uns eine Blütezeit möglich, wie sie uns im Rathhause so strahlend entgegentritt. Aber auch diese, wie kurz war sie, wie bald machte sie dem herben, nützlichen Ernst wieder Platz! Dennoch war die Bedeutung des Domes zu gross, als dass er nicht im Laufe der Jahrhunderte eine immerhin beträchtliche Anzahl von Kunstwerken sollte angesammelt haben. Von dem Psalterium Karls des Grossen an bis zu den Kreuzen der Gräfin Emma und von diesen bis zu den silbernen Tafeln Johann Hemelings berichten die Chronisten von Zeit zu Zeit über Dinge, die wir, wenn sie noch vorhanden wären, heute als künstlerische Denkmale des Domes zu schätzen hätten. Aber sie sind nicht mehr vorhanden. Manches ist den Wechselfällen früherer Zeit erlegen; Manches bei dem Uebertritt des Capitels zum Protestantismus gleichsam als Erbschaft an die benachbarten katholischen Kathedralen gefallen, so besonders die Reliquien und ihre Behälter; Manches endlich ist unter protestantischen Auspicien zu Grunde gegangen oder der Vernichterungssucht an der Grenzscheide des letzten Jahrhunderts ein Opfer geworden. Denn eben so wenig wie wir unserem Stamme grosse productive Künstlerkraft zusprechen dürfen, haben wir seine Pietät Kunstwerken gegenüber zu rühmen. Rührend ist, wie Uffenbach, der zu Anfang des achtzehnten Jahrhunderts Bremen besuchte, über die Zerstörung von Grabsteinen klagt und wenigstens für die merkwürdigsten um Schonung bittet. Aber selbst an hervorragenden Gräbern ist der Dom arm. Ungefähr vierunddreissig Erzbischöfe sind im Dome bestattet worden*) und von einem einzigen Grabe, dem des Johann III., Rode († 1511), ist der Stein erhalten. Er steht jetzt in der Halle des nördlichen Thurmes, wohin er aus der Taufkapelle versetzt worden. Besonders

---

*) Brem. Jahrb. VI. p. XCVI.

zu beklagen ist der Untergang des grossen Mausoleums, welches Adalbert errichtete zur Aufbe-
wahrung der Gebeine seiner vierzehn Vorgänger: „dat grote steene graff, dat in deme Dome
middeste stund." Es wurde um 1420 von Johann Hemeling versetzt; nun ist es spurlos verschwunden; nur zwei Bleitafeln, die diesem grossen Denkmal entstammen und von denen die
eine auf Unni, die andere auf Lenderich deutet, sind 1823 im Innern des Hochaltars gefunden
und erhalten geblieben. Die wenigsten der wenigen geretteten Grabstätten sind von solchem
Interesse, dass ihre Erwähnung an dieser Stelle gerechtfertigt erscheine. Indessen darf nicht
übergangen werden die merkwürdige Tafel im nördlichen Kreuzarm*) ohne Inschrift und Datum,
nur verziert mit einigen seltsamen Eintheilungsgliedern und drei einfachen, auf hohes Alter
weisenden Krummstäben. Trotz mannichfacher Bemühungen harrt sie ihrer Deutung noch immer
vergebens. Künstlerischer Werth ist ihr in keiner Weise zuzuerkennen, eben so wenig wie jenem
rohen, im Kreuzgange aufrechtstehend eingemauerten Denkstein, der einst die Grabstätte des
schönen, unglücklichen Friesenhäuptlings Gerold Lübben bezeichnete. Noch heute ergreift es
uns wie in eine alte, rührende Ballade, wenn wir lesen, wie Gerold auf dem Richtplatz das
blutende Haupt seines geköpften Bruders Dedo küsste und wie er, seine eigene Begnadigungsbedingung,
nämlich in Bremen zu bleiben und die Tochter eines Bürgers zu heirathen, stolz ablehnend, den
Todesstreich empfing. Trotz des unkünstlichen Monuments lebt der Jüngling in unserer Phantasie
als blühender Held weiter, dessen Schönheit die harten Seelen seiner Richter zu jenem Begnadigungs-
vorschlag vermochte, als ein Typus trotziger Lebensverachtung und brüderlicher Treue. — Eine
dritte Grabplatte müssen wir noch erwähnen, weil sie in technischer Hinsicht die einzige ihrer
Art ist, jene messingene, nunmehr im Nebenzimmer der Sacristei aufgestellte Tafel, welche vom
Grabe des Dompropstes Johann Rode († 1477), eines Oheims des gleichnamigen Erzbischofs,
stammt. Mit eingegrabenen, starken Contouren ist die Gestalt des Verstorbenen dargestellt, reiches
Ornat bekleidet ihn, ein Kelch ruht auf seiner Brust, zu seinen Füssen das Rode'sche Familien-
wappen, eine geflügelte Sturmhaube. Inschrift ist nirgends angebracht; diese hat wohl wahrscheinlich die steinerne Umrahmung aufzuweisen gehabt, als unsere Tafel noch horizontal lag
und gleichsam nur als Zierde des wirklichen Grabsteines diente. Die ganze Manier solcher gravirten
Platten steht nicht auf künstlerischer Höhe; sie giebt die Bedingungen der Plastik auf, ohne
dafür die der Malerei zu gewinnen; dennoch kann, wenn die Zeichenkunst mit feinem Stylver-
ständniss und technischer Virtuosität ihre Mittel zur Geltung bringt, eine treffliche Wirkung
erzielt werden. Wir erinnern hier, um von der Antike ganz abzusehen, an die Grabplatten im
Dom zu Lübeck, welche der unsrigen in jeder Beziehung überlegen sind.

Ungleich erfreulicher als die eigentlichen Grabmonumente sind die Epitaphien, Ehrentafeln,
zum Gedächtniss Verstorbener gestiftet. Diese Epitaphien sind der am meisten ins Auge fallende
Schmuck unseres Domes, welcher sie ohne völlig verwaist und verweist erscheinen würde; und
dennoch ist ihnen in den bisherigen Schriften über den Dom so gut wie gar keine Würdigung
zu Theil geworden. Das mag theils seinen Grund darin haben, dass das historische Interesse das
ästhetische bei Seite drängte, und historisch interessant sind unsere Epitaphien kaum zu nennen;
theils liegt auch wohl der Grund darin, dass bis noch vor wenig Decennien unserer Kunstforschung

---

*) Abgebildet bei H. A. Müller: Der Dom zu Bremen.

6*

das Verständniss, jedenfalls die Liebe für die Hochrenaissance ganz und gar abging. Unter der bequemen Rubrik Zopf wurde Alles verachtet, was sich nicht fein säuberlich in das akademische System einpferchen liess. Dieser „Zopf" hat in unseren Epitaphien Werke geschaffen, die an blühender, lachender Lebenslust, an überquellender Formenfreudigkeit fast unseren Rathhausgiebeln und der Gildenkammer an die Seite zu setzen sind. Säulen, Karyatiden, Voluten, Fruchtgehänge, Schilder, Vasen, Cherubimköpfe, Reliefdarstellungen und Schrifttafeln, Verkröpfungen, Giebelchen, Agraffen, Statuetten, Embleme — das rankt und wuchert in reizvollstem Chaos übereinander weg, steigt an den trocken rechteckigen Pfeilern empor, wie üppige Blumensträusse und bringt mit den zarten, in's Graue und Goldene spielenden Farbentönen, zu denen sich hie und da noch ein feines Porphyrroth und Schwarz gesellt, die malerischsten Effecte hervor. Wie in den Orgelfugen Bachs und seiner Schüler sich unter dem Scheine, lediglich der Kirche zu dienen, dennoch ein in Wahrheit höchst weltliches, unverwüstlich sinnliches Kunstthum in die Kirche zurückgeschmuggelt hatte, und in Trillern, Coloraturen, raffinirten Harmonien und Gegenbewegungen von brillantester Virtuosität übersprudelte, so sucht auch die bildende Kunst in diesen Gedenktafeln und Epitaphien noch einmal unter protestantischer Aegide sich geltend zu machen. Zwar wohnt ihr nicht mehr die Kraft und Tiefe des jugendlichen Musikfrühlings inne; sie gleicht einem überreifen Herbst, der nur zu bald dem dürren Winter weichen wird; aber sie bekennt noch einmal wie ein hoch aufflackerndes Licht vorm Erlöschen ihr tiefinnerstes Credo.

Unerfreulich sind die aus gothischer Spätzeit erhaltenen Werke: das Epitaph des Domherrn Berthold Runtzow und das des Domherrn Gherard Oldewange, beide im südlichen Kreuzschiff, ebenso das des Domsenirs Friedrich Schulte († 1509) im nördlichen Kreuzschiff, welches sich durch eine in's Unglaubliche gehende Geschmacklosigkeit in der sinnlichen Darstellung dogmatischer Mysterien auszeichnet. Ebenbürtig zur Seite steht ihm das Epitaph des Propstes Segebad Clüver († 1547) neben der Orgelbühne. Man hat die Empfindung, als ob ein künstlerisch stumpfsinniger Theologe im Verein mit einem rohen Steinmetzen diese Werke zu Stande gebracht hätte: das Blut Christi und die Milch der heiligen Maria als Sündenabwaschungsmittel sichtbarlich dargestellt, während die Menschengestalten als solche sich nicht hoch über den Styl von Honigkuchenmännlein erheben, — diese Andeutung wird es genügend rechtfertigen, wenn wir uns eine detaillirte Schilderung versagen. Auch das nunmehr in einer Seitenkapelle aufgestellte Epitaph des Canonicus Gherard Brandis († 1518), welches eine Maria auf der Mondsichel und in den Seitenfeldern etliche Heilige darstellt, ist nicht mehr als eine mittelmässige Handwerksleistung. Ungleich bedeutender sind die späteren, der Hochrenaissance entstammenden Arbeiten. Die feinste derselben ist vielleicht eine im Mittelschiff an dem der Kanzel gegenüberstehenden Pfeiler aufgehängte Tafel; die imposanteste aber ist das Epitaph des Seniors Otgies Schulten im nördlichen Seitenschiff. (Taf. 6.) In drei Etagen ordnen sich Säulen, Pilaster und Karyatiden übereinander, reicher Wappenschmuck ziert die Friese und das Giebelfeld, runde Statuetten in kühner Bewegung springen unter üppigen Baldachinen hervor, ein vollständig in malerische Wirkung aufgelöstes Relief, das jüngste Gericht darstellend, bildet den Kern, den man wegen seiner prachtstrotzenden Schale kaum als solchen erkennen kann. Und, was am meisten zum Effect beiträgt, hier sehen wir wieder Farbe und Gold. Ein stark renommistischer Zug, der dieser Kunstperiode überhaupt eigen ist, macht sich allerdings geltend, überall bricht die Phrase hervor; aber die Langeweile, die der eigentliche

Tod aller Kunst ist, hat hier auch nicht einen Zoll Raum gefunden. Im gleichen Sinne verdient das Epitaph des Domscholastieus Engelbert Wippermann im nördlichen Kreuzschiff hervorgehoben zu werden.

Wir haben mit Verzicht auf eine chronologische Reihenfolge der einzelnen Denkmäler die Gräber und Epitaphien, als am engsten mit der Architectur zusammenhängend, zunächst erwähnt, und reihen naturgemäss einige Bemerkungen über das grosse Hochrelief an, welches die ganze Brüstung der Orgelempore schmückt. Wie schon oben angedeutet, stammt das Relief aus derselben spätgothischen Zeit und vielleicht auch von demselben Meister wie die Brüstung an der kleinen Empore im nördlichen Kreuzschiff. Aber während dort nur ornamentale Mittel verwendet sind, tritt uns hier ausserdem ein reicher Figurenschmuck entgegen. Ueber einem kecken Laubfriese erheben sich elf Nischen, von denen die mittelste etwa doppelt so breit ist als jede der übrigen. Auch die hier dargestellten Gestalten übertreffen an Grösse die anderen bedeutend; wahrscheinlich folgte der Bildhauer, noch dem uralten, unreren Princip, die Bedeutsamkeit der Person durch ihre leibliche Masseverhältnisse zu veranschaulichen. Diese Figuren stellen die heiligen Gründer des Domes, Kaiser Karl und Willehad dar, während die anderen nur die Gestalten der Wohlthäter und Förderer des Baues zeigen;*) also mochte ihnen gern solche in die Augen springende Grösse zuerkannt werden gegenüber den unkanonisirten Erzbischöfen und Rittern und vollends deren Begleitern. Karl und Willehad sitzen einander gegenüber und tragen auf ihren Knieen ein Modell des Domes, dessen Westfront uns zugekehrt ist. Natürlich ist dieses Modell nur in den allgemeinsten Zügen als eine Art Urkunde über die frühere Gestalt des Domes anzusehen und zwar für die Gestalt am Ende des fünfzehnten Jahrhunderts; denn von irgend welchem Bezug zum Dome Willehads kann keine Rede sein. An die Mittelgruppe reihen sich zunächst rechts und links je zwei Erzbischöfe; da indessen von jeglicher Individualisirung der Züge abgesehen ist, auch die Geberden nur gewöhnlicher, alltäglicher Art sind, so müssen die Namen mehr gerathen als nachgewiesen werden. Ob sie, wie Müller meint, Willerich, Anschar, Besselin und Adalbert vorstellen sollen, oder etwa Besselin, Adalbert, Giselbert, Burckhard Grelle, ist in keiner Weise zu ermitteln; selbst das Costüm, welches in der ganzen mittelalterlichen Kunst nie historisch, sondern dem Zeitcostüm entsprechend behandelt wird, bietet keine Anhaltspunkte. An die Erzbischöfe reihet sich je eine Figur, deren Habitus auf den bürgerlichen Laien deutet; die hält einen Gegenstand in Händen, der einen Richtscheit nicht unähnlich sieht; vielleicht sind hier technische Baumeister, vielleicht Bauherren des Domes gemeint. Abermals weiter nach rechts und links sehen wir zwei Damen, die eine eine Krone, die andere ein Buch in Händen tragend, vermutlich die Kaiserin Gisela und die Gräfin Emma. Zwei Ritter bilden den Schluss; auch hier suchen wir vergeblich nach Wappen oder derartigen charakteristischen Merkmalen. Der eine trägt allerdings ein Menschenangesicht als Schildzier, aber ohne alle heraldische Zugabe, also wohl eher Decoration als Wappen. Die Nischen werden durch Pfeiler von einander getrennt, welche abermals auf Consolen ruhende, von Baldachinen überdachte Figürchen tragen. Sie scheinen das Gefolge der Hauptfiguren andeuten zu sollen; hinter dem Kaiser Karl steht ein Edelknabe mit Reichsapfel und Scepter, hinter Willehad ein

---

*) Diese Deutung des Reliefs ist zuerst von H. A. Müller gegeben und zweifellos im Wesentlichen richtig.

singender Chorknabe, zwischen den Erzbischöfen Mönche mit Weihrauchfässern, dann ein paar schwer entzifferbare Gestalten: die zur Linken hat etwas von dem Typus jüdischer Hochpriester, die zur Rechten könnte man für einen Cardinal ansehen. Neben den Damen zeigen sich, als ob gewöhnliche Erdenkinder für ihre Begleitung zu unwürdig wären, zwei Engel — eine galante Schmeichelei, die an die Blüthezeit des Minnedienstes gemahnt. Neben den Rittern, wiederum ohne charakteristisches Abzeichen, zwei kniende Männer in der üblichen Donatorengeberde, an der Tracht als Canonici kenntlich.

Die ganze Arbeit zeigt in der Conception nicht eben grossen Tiefsinn, keine geistreiche Characteristik noch originelle Phantasie; aber sie ist decorativ äusserst wirksam. Und das heisst in der Kunst sehr viel, mehr als jene Aesthetiker zuzugeben geneigt sind, die jedes Kunstwerk ablehnen, wenn es ihnen nicht Gelegenheit zu einem ausführlichen Commentar bietet. Ohne mit dem Höchsten wetteifern zu wollen, zeigt sich unser Relief vielleicht etwas handbacken, aber gesund und kräftig als ein Werk, dessen Werth wir in unserer kunstarmen Stadt doppelt schätzen müssen. In manchen Partien erhebt es sich sogar zu feinster Vollendung und würde neben den gepriesensten Kunstwerken Nürnbergs immerhin seinen Rang behaupten.

Ein anderes, nicht minder treffliches Relief ist neben der Thurmthür eingemauert, nachdem es lange, lange Jahre mit der Rückseite nach oben in der Pflasterung des Fussbodens verwendet gewesen war. (Taf. 4.) Es stellt die heilige Anna und ihre drei Töchter nebst deren sieben Kindern vor, die mit einander spielen und scherzen, während sieben Männer über eine Brüstung weg den Gruppen zuschauen. Die Legende lässt die heilige Anna dreimal vermählt sein: aus der ersten Ehe mit Joachim stammt Maria, die Gattin des Joseph, die Mutter Christi, aus der zweiten Maria, die Gattin des Alphäus, die Mutter des jüngeren Jacobus, des Simon Juda und eines (nicht weiter bekannten) Joseph, die dritte Tochter dritter Ehe endlich, wieder eine Maria, war die Gattin des Zebedäus, die Mutter des älteren Jacobus und des Johannes. Die Composition unseres Reliefs als Ganzes ist müssig; prächtig aber sind manche Charakterköpfe der Männer, auch Anna und die Madonna sind höchst edel und anmuthig; das sehr hübsche Christkind scheint wesentlich restaurirt. Im südlichen Kreuzarm heben wir noch ein dramatisch bewegtes, leider höchst mangelhaft restaurirtes Relief, die Kreuztragung, hervor, sowie ein erst vor Kurzem dem Dom geschenktes, sehr feines Marmorrelief, eine Predigt Johannis des Täufers. (Taf. 5.) Als freistehende Statuen hat der Dom nur vier Figuren von nicht ganz einem Meter Höhe aufzuweisen; sie haben, in Verbindung mit einer fünften, die jetzt am Brunnen des St. Petri Wittwenhauses angebracht ist, früher vermuthlich ein enger geschlossenes Ganzes ausgemacht und somit bedeutendere Wirkung als in ihrer jetzigen Vereinzelung gehabt. Die schönste dieser Figuren ist eine gekrönte Madonna mit dem Christkinde auf dem Arm; sie ist höchst holdselig; mit ihrem etwas kindlich grossen Kopfe, der ganz freien Stirn, den runden Wänglein und den unerfahrenen Augen so recht der Typus des gothischen Ideals. Der ungemein rührende Zug, all' diesen Marien eigen, die, selbst noch kaum der Kindheit entwachsen, noch ganz knospenhaft geschlossen, schon wieder eine noch jüngere Knospe in den Armen tragen, tritt an unserer Statuette in seiner ganzen Anmuth hervor. Die junge Himmelskönigin staunt ob der wunderbaren Herrlichkeit, die an ihr geoffenbart und ergiebt sich in willenloser Demuth dem höheren Rathschlusse. (Taf. 4.) Die anderen Figuren stellen den älteren Jacobus (Taf. 4), den heiligen Nicasius von Rheims und einen Bischof, die Figur am Wittwenhause

den heiligen Willehad mit einem Bettler dar. Sie stehen der Madonna an Characteristik und Ausdruck sowie an technischer Vollendung würdig zur Seite.

Schliesslich müssen wir noch einiger Reliefs im östlichen Kreuzgangsflügel gedenken; zunächst jener Platte, die zwei Thaten der heiligen Aerzte Cosmas und Damian verherrlicht und von der Eingangsthür der Marienkrypta hierher versetzt ist. Die Darstellung ist auf zwei Felder vertheilt: rechts sehen wir eine Beinoperation, die an einem sanft schlafenden Patienten vollzogen wird, links geniesst ein Thier, ein wundes Kameel, der ärztlichen Hülfe. Es sind keine eigentlichen Wunderthaten sondern Momente einer alltäglichen ärztlichen Praxis, die in diesem Falle sogar nur von Gehülfen ausgeübt wird; aber die reine Herzensgüte der Heiligen verleiht ihnen eine höhere Weihe, die uns mehr anmuthet als alles überirdische Mirakelwesen. Endlich erwähnen wir noch zweier Reliefs, die insofern besonderes Interesse erregen, als sie Nachbildungen zweier Compositionen der Biblia pauperum sind.*) Auf die grosse Bedeutung der Armenbibeln und die theilweise sehr tiefsinnige Symbolik, die sie durch Zusammenordnung alt- und neutestamentlicher Scenen erreichen, näher einzugehen, fehlt es hier an Raum. Das eine unserer Reliefs zeigt im Mittelfelde Christi Taufe im Jordan, links den Durchgang Israels durchs rothe Meer, rechts Kaleb und Josua mit der grossen Traube einen Fluss durchschreitend. Symbolisch scheint dadurch gesagt werden zu sollen: wie Israel durch Wasser in das gelobte Land zog, so geht der Mensch durch die Taufe zum ewigen Leben ein. Unsere Darstellung ist technisch nicht sonderlich vollendet, dennoch ist es sehr zu beklagen, dass sie bei dem jüngsten Umbau am Dom nicht sorgfältiger gegen Zerstörung geschützt war. Sie hat sehr gelitten und bedarf nothwendig der Restauration. Das andere Relief ist der Neubauten wegen seit mehreren Jahren von seinem Platze entfernt und steht augenblicklich unzugänglich im Kreuzgange auf dem Fussboden. Es stellt im Mittelfelde Mariä Verkündigung, links Eva am Erkenntnissbaum, rechts Gideon vor dem unbethauten Fell knieend dar. Die Symbolik, die auf die unbefleckte Empfängniss deutet, ist hier minder schlagend. Beide Werke entstammen der Spätgothik.

In wesentlich ältere Zeit endlich (1366) haben wir den Ursprung der Chorstühle zu setzen, welche bis zum Jahr 1823 noch ziemlich vollständig ihren alten rechtmässigen Platz im Chor einnahmen; dann aber, für brauchbares Brennholz angesehen, zerschlagen, jedoch vor gänzlichem Untergange von Herrn Dombaumeister Wetzel gerettet wurden. Jetzt stehen sie, d. h. so weit sie noch erhalten sind, in einer der südlichen Kapellen, neun Stück, grösstentheils Seitenlehnen mit Reliefschnitzerei geziert. Wir dürfen allerdings nicht an die Pracht süddeutschen oder vollends norditalienischen Gestühls denken, wenn wir an die Reste des morigen herantreten; schlecht und recht, so gut sie's eben konnten, haben unsere Meister ihr Holz bearbeitet und wenn ihre Darstellungen auch hölzern geblieben sind, so zeigt doch ihre Raumvertheilung und ihr architektonischer Aufbau sowie ihre Ornamentik mitunter ein hohes Schönheitsgefühl, von dem mancher moderne Gothiker lernen könnte. Bemerkenswerth ist die frühe Zeit der Entstehung; denn die eigentliche Blüthezeit des geschnitzten Chorgestühls ist die Spätgothik und die Renaissance.**) Die einzelnen Reliefs, Scenen des alten und neuen Testamentes, — die Legenden

---

*) Ob, wie Müller meint, eine Nachbildung sämmtlicher vierzig Compositionen in unserem Dome vorhanden war, ist schwerlich zu erweisen, und uns nicht wahrscheinlich.

**) Siehe Müller, Dom zu Bremen, p. 84.

der Heiligen scheinen ausgeschlossen gewesen zu sein — können als selbstständige Kunstwerke nur das Interesse des eingehenden Forschers nicht aber des Publikums erwerken, und wir dürfen uns desshalb hier das Näheren enthalten. Wichtiger aber als die Einzelheiten ist die jetzt leider vernichtete Wirkung des Ganzen. Selbst mässiges Schnitzwerk hat mit seinem tiefbraunen Eichenholzton, mit dem feinen Spiel von Lichtern und Schatten einen hohen malerischen Reiz und trägt mächtig dazu bei, den Kirchen jenen dämmerigen und geheimnissvoll ehrwürdigen Charakter zu verleihen, der die Seelen der Gemeinde dem grellklaren Alltagsleben entrückt und in eine feierlichere, gehobenere Stimmung hinüber führt. In diesem Sinne haben wir die Zerstörung unseres Gestühls doppelt zu beklagern.

Ausser diesen Ruinen besitzt der Dom an Holzschnitzwerken zwei Engelfiguren rechts und links neben dem Altar. Diese anmuthigen Gestalten, Werke von Ad. Steinhäuser, kommen in ihrer reizlosen Umgebung nicht genügend zur Geltung; die wunderliche Holzdecoration über dem Altar beeinträchtigt sie anstatt sie zu heben.

Von alle den oben geschilderten Sculpturen tritt uns keine entgegen, die irgend ein allgemein kunstgeschichtliches Interesse beanspruchen könnte. Sie sind Ueberbleibsel einer nicht genialen aber wackeren, etwas handwerksmässigen Kunst, wie sie im späteren Mittelalter in ganz Deutschland vielfach geübt wurde, und wir durften raschen Schrittes getrost an ihnen vorüber eilen. Ganz anders aber wird unsere Aufmerksamkeit gefesselt, durch ein Werk, welches nahezu als ein Unicum zu schätzen ist, durch das Taufbecken.*) Es ist, wenn nicht der oben erwähnte Grabstein mit dem Krummstäben ihm den Rang streitig macht, wohl die älteste Sculpturarbeit in unserer Stadt; als ein Werk des Bronzegusses zählt es zu den ältesten Deutschlands. Wir haben seine Entstehung in den Beginn des elften Jahrhunderts zu setzen. In seiner ganzen Conception ist es ein Denkmal, über dessen Deutung noch nicht die Acten geschlossen sind. Es zerfällt in zwei Theile, das eigentliche Becken und die Träger. Auf letztere haben wir unser besonderes Augenmerk zu richten. Es sind vier höchst unproportionirliche Männergestalten mit dicken Köpfen, langen, dünnen Rümpfen und ganz verkümmerten Beinchen. Ein langer, (auffallender Weise von der Tracht abendländischer Culturvölker abweichend) vorne zuge-knöpfter Rock bedeckt die Glieder. Rittlings auf liegenden Löwen sitzend, tragen die Männer auf ihren rechtwinklig ausgekerbten Hinterköpfen das Becken.

Woher diese seltsame Arbeit stammt und wann sie in den Dom gekommen, ist schwerlich jemals nachzuweisen. Indessen wissen wir von dem Bischof Berward von Hildesheim († 1022), dem Schutzheiligen der Goldschmiede, dass er ein hochberühmter Meister der verschollenen Technik des Bronzegusses war, dass er seinen Dom mit bronzenen, reliefgeschmückten Thüren (welche noch heute erhalten sind) begabte, dass zu seiner Zeit, vermuthlich in Folge seiner Leistungen, deutsche Bronzen auch im Auslande hoch geschätzt waren. Wir werden also

*) Siehe: Der Taufkessel des Doms zu Bremen von H. A. Müller. Brem Jahrb. VI. Besonders auch die daselbst durch-geführte Vergleichung mit dem sog. Kroda-Altar zu Goslar. Der Ansicht Müllers, dass das Becken um zwei Jahrhunderte jünger sei als die Träger, beizupflichten, wagen wir nicht. Es bildet allerdings keinen Zweifel, dass die beiden Theile von zwei verschiedenen Meistern herrühren; aber wahrscheinlich waren diese doch Zeitgenossen. Der Meister des Beckens war vielleicht ein gereister Mann, der in Italien, wo nicht gar in Byzanz, sich eine gewisse Eleganz angeeignet hatte, während der Meister der Träger einen herben Barbarismus nicht verleugnen kann. Aber der Styl des Beckens ist in Ornament und Figuren so durchaus romanisch, auch scheint die Composition des Metalles so gleichartig, dass wir die Motive der Müller'schen Ansicht nicht recht einsehen können.

wahrscheinlich nicht fehl greifen, wenn wir unsere Löwenreiter für ein Hildesheimer Werk halten, vielleicht für das Geschenk eines Bischofs an Adalbert, dessen Bau im vollen Gange war, als diese Figuren gegossen wurden. Der Gedanke, dass sie in Byzanz könnten gearbeitet sein, ist ganz abzuweisen, da die byzantinische Technik durchaus glatter und virtuoser ist. Schwieriger noch ist die Frage nach der geistigen Bedeutung. Müller hält sie, einen flüchtigen Wink Kuglers festhaltend, für überwundene, getaufte Wendenfürsten. Wir können dem nicht beipflichten; denn es ist wohl kaum eine Analogie dafür aufzuweisen, dass der Täufling als Träger des Beckens decorativ verwendet wird; man liebte wohl böse Dämonen und die alte Schlange selbst als durch die Taufe ausgetrieben und gepeinigt, widerwillig knirschend am Fusse des Beckens anzubringen; nicht aber die neugewonnenen Mitchristen so zu erniedern. Wenn anders eine Erniedrigung mit diesem Tragen gemeint ist; vielleicht ist eher an eine Erhöhung zu denken. Ferner wäre es mehr als seltsam, Wendenfürsten auf Löwen reiten zu lassen. Der Löwe ist doch überall das Symbol der Majestät und der siegreichen Kraft und eignet sich unter allen Thieren am wenigsten, ein zwar gehasstes aber auch verachtetes Volk repräsentiren zu helfen. Negiren ist freilich leichter als eine positive Ansicht aufstellen, indessen ginge unsere Meinung vielmehr dahin, in diesen Trägern Männer zu vermuthen, auf denen das Werk der Taufe gewissermassen basirt, Heroen oder Propheten des alten Testaments (obwohl wir leider keine Bibelstelle, welche diese mit Löwen in Verbindung bringt, anzuführen wüssten), vielleicht auch könnte es sich um muthige, siegreiche Vorkämpfer des Christenthums im Norden handeln. Doch ist uns wahrscheinlich, dass hier alles Suchen nach tieferer Symbolik eitel, dass es dem Meister auf lediglich decorative Zwecke angekommen sei. Grude Löwen kommen in der romanischen Kunst vielfach als Träger, selbst als Träger gewöhnlicher Säulen vor, ohne dass eine symbolische Bedeutung ersichtlich wäre; eine Zusammengruppirung von Löwe und Mensch zu blossem Karyatidendienst dürfte, wenngleich auch für sie nicht viele Analogien sprechen, doch zunächst hier zu vermuthen sein. Wenigstens ist diese einfachste Lösung des Räthsels nicht eher zu verwerfen, als bis die bedeutsamere auf festeren Füssen steht. Die Kunstforscher würden viel Mühe sparen, wenn sie öfter geneigt wären, die bloss decorative Tendenz der Künstler anzuerkennen. Diese Tendenz würde wahrlich nicht den Verdacht der Gedankenarmuth, vor dem man die Meister gern bewahren möchte, rechtfertigen; sondern nur darthun, dass sie mitunter den Ausdruck des reinen Schönheitsgedankens dem Ausdruck eines allenfalls auch in Worten zu umschreibenden logischen Gedankens vorzogen. Mit der reinen Schönheit ist es allerdings bei unserem Taufbecken übel bestellt; zeigen sich die Träger noch in primitivster Unform, so ist das getragene Becken flach und phantasielos in seiner Decoration. Um den Bauch zieht sich ein doppelter Arcadenfries, in dessen oberen sechsundzwanzig Bögen Gewandfiguren ohne Charakteristik, ja selbst meistentheils ohne Attribute stehen. Die Frage, was sie bedeuten sollen, scheint ganz müssig; denn auf Individualität legte der Künstler so wenig Werth, dass er angeschaut mehrere in derselben Form gegossene Figuren verwendete. Unverkennbar markirt sich indessen St. Peter mit seinem riesenhaften Schlüssel. Der untere Fries, durch die Träger unterbrochen, zeigt nur Halbfiguren, von denen ebenfalls sich manche wiederholen. — Unser ganzes Taufbecken ist demnach mehr ein wegen der Seltenheit so alter Erzgüsse schätzenswerthes Curiosum, als ein unmittelbar ästhetisch befriedigendes Kunstwerk. (Taf. 5.) Aber das Alter verleiht den Dingen wie den Menschen, selbst wenn sie an sich unbedeutend und unschön sind, einen unwiderstehlichen Zauber der Ehrwürdigkeit, und es ergreift uns ein eigener Schauer, wenn wir denken, dass über diese eherne Rundung vielleicht noch aus dem scandinavischen Norden an die Weser verschlagene Schiffsleute das blonde Haupt geneigt und, ergriffen von der Macht und Pracht des Christengottes, die uralte Renunciationsformel gemurmelt haben: Ich widersage Wodan, ich widersage Thuner, ich widersage Fricko.

Einen charakteristischen Gegensatz zu dem Taufbecken bietet die Kanzel, welche angeblich von der schwedischen Königin Christine dem Dom geschenkt wurde. Dort ungeschickte, ehrliche Einfalt, schlecht und recht wie ein alter, knorriger Mönch des elften Jahrhunderts; hier bombastische Phrase mit tausend Schnörkeln und Verblümtheiten, plump und spitzfindig wie ein perrückenumwallter hochgelahrter Hochehrwürdiger des siebenzehnten Saeculi. Man glaubt noch heute, die breitspurigen, mit lateinischen Fremdwörtern reichlich verbrämten Tiraden zu hören, wenn man sich in die schwungvollen Details, diese Säulen und Voluten und Verkröpfungen und stürmisch aufgeregten Statuetten des überreichen Werkes vertieft. Eben so wenig wie den späteren Epitaphien ist der Kanzel eine höchst effectvolle Pracht abzusprechen; eine fast übergewaltige sinnliche Lebenskraft dringt sich zu Tage; aber hier sowohl wie dort fehlt es an dem letzten, besten, an jener künstlerischen Keuschheit, die, wie sie von Herzen kommt, auch wieder zu Herzen geht. Früher war die Kanzel bunt bemalt und mit einer purpurnen Decke versehen, erst die neuere, farbenfeindliche Zeit strich sie braun an und wählte schwarzen Sammet für die Decke.

Die wenigen Gemälde des Domes dürfen eine eingehende Beschreibung kaum beanspruchen. Das bedeutendste stellt eine Geisselung Christi dar; ein gutes niederländisches Bild, in manchen sehr feinen Farben an Rembrandts Schule mahnt, obgleich der lichte, silbergraue Gesammtton doch ganz eigenartig ist. Es hängt im Diaconenzimmer, ziemlich hoch und ungünstig beleuchtet. Ebendaselbst hängt ein von einer Engelsglorie umgebener Eva homo in ganzer Figur; die Tafel trägt das Monogramm des älteren Cranach und entspricht auch in ihrer reizlosen Härte und Trockenheit, der es doch zugleich an ursprünglicher Naivität gebricht, so sehr dem Styl des Meisters, dass sie wohl für ächt zu halten ist. Ueber der westlichen Eingangsthür des Domes findet sich ein grosses Gemälde, das jüngste Gericht, welches die bei späterer Restauration verwischte Inschrift trug: H. Berichaw fec. Hamb. Anno 1698. Das Bild geniesst in unserer Stadt einer gewissen Verehrung, die aber wohl wesentlich der Grösse der Leinewand auf Rechnung zu setzen ist; denn weder compositionell noch coloristisch erhebt es sich über das Niveau seiner Zeit. Aus der Schule des Rubens ging in zweiter Generation eine scheinbar wieder mehr dem classischen Ideal der Italiener zugeneigte Schule hervor, die aber im Grunde nur aus Schwächlichkeit nicht so toll über die Stränge schlug, wie die unmittelbaren Nachfolger des Rubens und dieser in vielen seiner späteren Werke selbst. Jener Schule gehört unser Bild an, ohne dass wir es zu ihren besten oder ihren schlechtesten Leistungen zählen könnten. Eine kurze Erwähnung verdient endlich noch das Altarbild, eine Copie der Raphaelischen Kreuztragung. (Lo Spasimo di Sicilia.) Die tüchtige, höchst gewissenhafte Arbeit ist allerdings fern davon, das Original zu erreichen, und diese Wahrheit erkannte Niemand tiefer als der Künstler Johann Buese selbst. Anstatt sich zu freuen, dem Unerreichbaren wenigstens auf einen gewissen und wahrlich nicht verächtlichen Grad nahe gekommen zu sein, versank der strenge Selbstkritiker, wie man erzählt, in tiefe Missstimmung über die Mängel seines Werkes. Alle jene Qualen, die aus dem Conflikt kritischer Klarheit und technischer Unzulänglichkeit hervorbrechen, und deren Furchtbarkeit, ohne sie selbst durchgemacht zu haben, Keiner ahnt, zerrütteten die Seele des wackeren Mannes so sehr, dass er sich eine Kugel vor den Kopf schoss. (1837.)

Die übrigen Gemälde lassen wir bei Seite, da sie kaum für Kunstwerke gelten dürfen. Auch die Anbetung der Könige, im Styl des Rubens roh nachahmend, mit der Inschrift F. Wulffhagen fec. 1666 übergehen wir. Das Einzige für uns Bemerkenswerthe ist daran, dass der Künstler aus dem Herzogthum Bremen gebürtig war. Ebenfalls entziehen sich die Glasmalereien, als völlig modernen Ursprungs an dieser Stelle der Besprechung.

Indem wir noch einen flüchtigen Blick auf den mobilen Hausrath des Domes werfen, erwähnen wir zunächst der Glocken. Der Einsturz des südlichen Thurmes, des eigentlichen Glockenthurmes, gefährdete sie stark. Die von Douebley 1334 gestiftete Susannenglocke, in unserer Stadt die zweitälteste, von der wir wissen, war unversehrt geblieben, und der Rath trug sich mit dem Gedanken, sie für den Auschariithurm anzukaufen. Das ist indessen nicht geschehen; doch fehlt uns die Kunde über ihren weiteren Verbleib. Erhalten und im nördlichen Thurm wieder aufgehängt, finden wir zwei andere: zunächst die Läuteglocke, von der Peter Koster sagt, sie sei am 6. Juli 1657, wo sie wieder aufgehängt worden, 224 Jahre alt gewesen.

Sie trägt die Inschriften:

Dominus structurarius Meynardus nomine dictus hoc opus ecclesiae respexit, tractus amore Petri clavigeri vas fecit hoc fieri.

und darunter:

Anno domini MCCCCXXXIII
Meister Ghert Klinge, de mi ghegoten hat
Ghot geve syner selen rat
In der ere sunte Peters, Cosme unde Damian.
Ghote late se lange to eren love ghaan
Jhesus P. S. Maria gloriosa.

Ferner zieren sie eingravirte Figuren; eine Kreuzigung mit Maria und Johannes, eine Verkündigung Mariae, — Petrus, Cosmas und Damian, und eine weibliche Figur mit einem Kruge.

Die andere Glocke, die Schlag- oder Allarmglocke, ist mit Reliefs geschmückt, welche eine Maria mit dem Kinde und den heiligen Nicolaus vorstellen. Ihre Inschrift lautet:

Maria bin ick gheheten,
De van der Borgh hebbet my laten gheten.
Anno Domini MCCCCXLII

und darunter:

Gott geve syner seelen rad,
De my ghegoten hat,
Ghert Klinge,
Jasper, Melchyor, Baltasar,
St. Peter, St. Paulus,
St. Johannes, St. Andreas, St. Jacobus,
St. Bartolomeus, St. Matthias, St. Simon.

7*

Verschwunden sind die heiligen Gefässe; nicht nur die oben erwähnten Gaben Karls des Grossen, auch die Anschaffungen späterer Zeit, Kelche, Patenen, Monstranzen, ferner Gewänder, Teppiche, Leuchter und Alles, was sonst derartiges dem katholischen Kultus so viel ästhetische Weihe verleiht. Nur vier grosse, sehr schöne messingene Kronleuchter, wahrscheinlich aus dem siebenzehnten Jahrhundert stammend, müssen wir als Hauptzierde des Mittelschiffs rühmend erwähnen. Verschwunden sind die silbernen Tafeln von Johann Hemeling, verschwunden oder vielmehr durch Vermittlung des bairischen Prinzen Friedrich von Wartenberg, Bischofs von Osnabrück, in die Michelskirche zu München gekommen ist die Stiftung Hemelings, das Reliquar von Cosmas und Damian; 2000 Reichsthaler soll der Prinz für den Schatz gezahlt haben. Am bittersten aber haben wir den Verlust eines Schnitzwerkes von Albrecht Dürer zu beklagen. Es ist nicht genau ersichtlich, ob das Werk, ein Christusbild, vermuthlich ein Crucifix, dem Dom angehörte. Durch die Wittheitsprotokolle vom 31. Dec. 1650, 6. und 10. Januar 1651, wird es als im Besitz Johann Ariens' befindlich erwähnt. Bürgermeister Speckhan sollte es erhandeln für 300 Reichsthaler und Ihro kaysserlichen Mayestätt präsentiren. Jetzt ist das seltene Kleinod spurlos dahin, und wir dürfen uns schwerlich der Hoffnung hingeben, es als gerettet, gleichviel in wessen Besitz, je wieder begrüssen zu können.

Mit der Besorgniss, uns gegen den Schluss dieser Blätter vielleicht schon zu sehr in den Styl einer kleinlichen Inventaraufnahme verloren zu haben, eilen wir unserem Ruhepunkte zu, um baldmöglichst in der Baugeschichte der übrigen Kirchen Bremens den Abschluss unserer ganzen Arbeit zu bringen.

Die Massverhältnisse.

Absichtlich ist im Text jede Erwähnung von Massverhältnissen vermieden. Ohne dem Publikum ein concretes Bild zu geben, verzetteln sie sich leicht für das Auge des Fachmannes. Deshalb mögen hier ein paar der wichtigsten Masse zusammengestellt den Ueberblick erleichtern.

Länge des Mittelschiffes, inclusive Ost- und Westchor i. L. $86_{,xx}$ Meter.

Höhe desselben . . . . $20_{,54}$ »

Breite desselben . . . . $11_{,78}$ »

Länge des Querschiffes . . . . $34_{,21}$ »

Breite desselben . . . . $10_{,02}$ »

Höhe des südlichen Seitenschiffes . . . . $10_{,41}$ »

Breite desselben . . . . $5_{,28}$ »

Höhe der südlichen Kapellen . . . . $8_{,x8}$ »

Breite derselben . . . . $3_{,x5}$ »

Höhe des nördlichen Seitenschiffes . . . . $18_{,x7}$ »

Breite desselben . . . . $10_{,41}$ »

Höhe der Arcadenpfeiler inclusive Gesimse . . . . . . $5_{,49}$ »

Länge der Ostkrypta . . . . $23_{,10}$ »

Breite derselben . . . . $10_{,75}$ »

Höhe derselben . . . . $4_{,43}$ »

Länge der Westkrypta . . . . $12_{,43}$ »

Breite derselben . . . . $9_{,0}$ »

Höhe des Nordthurmes . . . . $70_{,x9}$ »

Höhe des Westgiebels . . . . $33_{,x4}$ »

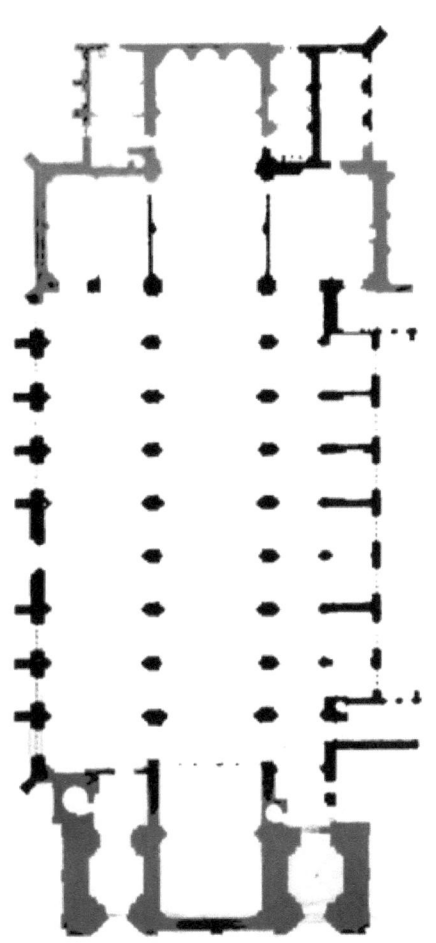

ZWEITER THEIL:

DIE PFARR- UND ORDENS-KIRCHEN

VON

W. von BIPPEN.

(Mit vier Farbendrucken und sieben photolithographischen Tafeln.)

Inhalt.

Verzeichniss der Abbildungen.

Einleitung.

Von dem weiten Rahmen, in welchen die voraufgehende Darstellung die Geschichte des Doms, der Kathedrale des Bremischen Erzstifts, spannen konnte, müssen wir in den engen Kreis der städtischen Entwickelung Bremens eintreten, wenn wir die übrigen kirchlichen Bauten unserer Stadt betrachten und würdigen wollen.

Wenn in den Schöpfern des Doms etwas von dem hohen Idealismus lebte, welchem das grosse Missionswerk der Bremischen Kirche entstammt war, wenn sie über die reichen geistigen und materiellen Mittel des Erzstifts verfügten, um der hohen Stellung des Stifts in seiner Metropolitankirche einen, wenn auch nicht künstlerisch vollkommenen, so doch würdigen Ausdruck zu geben, so fehlte bei den kirchlichen Gründungen, welche wir in den folgenden Blättern zu betrachten haben, viel von jenen günstigen Bedingungen. Sie sind nicht, wie der Dom, das Resultat einer majestätischen Entwickelung, welche weite Ländergebiete umspannte, deren Träger unter den Mächtigen des Welttheils eine grosse Rolle spielten, die selbst den Epigonen noch einen Nachglanz des Ruhmes und eine fürstliche Stellung gab, sondern ihrer Mehrzahl nach — nur die Klosterkirchen bilden hiervon eine Ausnahme — den Bedürfnissen einer städtischen Gemeinde entsprossen, deren Bestrebungen in zweckmässig begrenzten Zielen wenig Raum boten für einen idealen Schwung der Geister.

In harter Arbeit haben die Anwohner des Weserstroms der Ungunst der Natur, die so häufig hemmend und zerstörend ihr Eigenthum, ja ihr Leben angriff, eine gesicherte Heimstätte abringen müssen, und der rauhe Sinn, welchen ein solches Dasein erzeugte, machte sich dann in einem wagemüstigen Treiben geltend. Die Wogen des Stroms und des Meeres, die noch eben ihren Grund und Boden bedroht hatten, ihre zweite Heimath, im Kampfe mit Sturm und Wellen erwarben sie erst, was sie daheim zu besitzen hofften; und was glücklich durch die ungastliche Nordsee dem heimischen Flusse zugeführt war, wie oft zerschellte es hier noch auf den Sänden der unbekrauteten Küste, wie manches wurde die Beute verwegener See- und Strandräuber. Wenn der binnenländische Kaufmann seine Waarenzüge von räuberischer Hand bedroht sah, dann stand doch nur Mann gegen Mann im Kampfe um Leben und Besitz, und der Arm des Königs oder des Fürsten verlieh bald den öffentlichen Strassen einen immer gesicherteren Schutz; hier musste ein zwiefacher Feind bekämpft werden, und es fehlte dem Könige, der nie ein Schiff sein eigen nannte, an jeglichem Mittel, und meist auch an dem Willen, der „königlichen Strasse» des Weserstroms, den Ufern des Meeres den Schutz zu geben, auf welchen der stolze Name Anspruch erhob. Es war ein ewiges Wetten und Wagen um das Glück des nächsten Morgens, in welchem einem grossen Theile unserer Vorfahren das Leben dahinging. Und wenn die endliche Sicherung eines lange Zeit zweifelhaften Erwerbes dem Einzelnen oder, wo es sich um gemeinsame Interessen handelte, der Gesammtheit manchesmal Anlass zu lautem, übermüthigem Ausdruck der Freude werden mochte, so mahnte das Leben doch immer wieder zu ernst an die Gefahren des Daseins, so war die äussere Umgebung, in welcher die Bremische Bevölkerung lebte, die Natur ihres Landes und ihres Charakters doch zu wenig dazu angethan, um jene naive heitre Grundstimmung des Gemüths hervorzubringen, welche die Bedingung für eine reiche äussere Entfaltung des Lebens, für künstlerische Schaffenslust ist.

Die Natur hat der Umgebung Bremens die Anmuth versagt, welche ein in gefälligen Linien bewegtes Terrain, der Wechsel von Wäldern und hügelumkränzten Seen anderen Theilen des norddeutschen Flachlandes verleiht. Die weite, einst von Haide, Sumpf und Wald überdeckte, Ebene ist nicht ohne Grossartigkeit, aber sie ladet viel mehr zur Arbeit als zum behaglichen Genusse ein, sie bietet dem Auge im Sonnenglanz des Frühlings und des Herbstes wol farbenprächtige Bilder, aber sie weckt nicht den Formensinn, welcher den Schwung der Linien in gestaltenreichen Bildungen nachzuahmen sich bemüht.

Was an Idealismus in den derb realistischen Seelen der alten Bremer wohnte, fand leichter auf anderen Gebieten als auf dem der Kunst seine Befriedigung. Seit Bremen vom ersten Bischof dieser Lande zum Sitze seiner Kirche erwählt war, hat eine warme Theilnahme am kirchlichen Leben, an Inhalt und Form der christlichen Religion alle Epochen der Bremischen Geschichte in hervorragender Weise beherrscht. Der beständige Kampf mit feindlichen Elementen, das Bewusstsein ein gut Theil seines Lebensglücks von Wind und Wellen unstet hin und her schaukeln zu lassen, musste hier in ernsten Seelen die Seiten des menschlichen Wesens vornehmlich anregen, welche über das wechselvolle Geschick des irdischen Tages hinauf wiesen zu einem unwandelbaren Frieden des künftigen Lebens. Der fatalistische Zug, der auch dem Christenthum eigen ist, wenn es Böses wie Gutes dem Eingreifen höherer Mächte zuschreibt, wenn es vergeblich sich abmüht eine Lösung des Widerspruchs zwischen dem allmächtigen Willen Gottes und dem freien Willen des Menschen zu finden, dieser fatalistische Zug musste sympathisch anklingen bei einem Volke, dem die Unzulänglichkeit der menschlichen Kraft im Kampfe gegen die grossen Gewalten der Natur so oft vor Augen trat. Eben dieser durch die Erfahrungen des seemännischen Lebens genährte Fatalismus einerseits, der gesunde aber auch phantasiearme Realismus andrerseits haben in späteren Jahrhunderten dazu beigetragen, einen grossen Theil der Bremischen Bevölkerung in die Arme der reformirten Kirche zu treiben, welche den mystischen Vorgang beim Abendmahl leugnete und die Prädestination anerkannte.

Ob dieser Uebergang zur reformirten Lehre, welcher Bremen zunächst in confessioneller Hinsicht von den lutherischen Nachbargebieten isolirte, der Stadt neben dem Vorzug einer auf jener Thatsache vorzüglich beruhenden Hochschule nicht auch manchen Schaden an seinem geistigen Leben gebracht hat, kann hier füglich unerörtert bleiben, um so mehr aber muss hier hervorgehoben werden, wie der reformirte Puritanismus, was mittelalterliche Frömmigkeit an mehr oder minder künstlerischem Schmuck in unseren Kirchen angehäuft hatte, sei es absichtlich

3

oder aus Nachlässigkeit, einer erbarmungslosen Vernichtung preisgegeben hat. Die kahle Kirchenarmuth, welche heute und seit drei Jahrhunderten das Innere fast aller Bremischen Gotteshäuser mit ihren weissgetünchten Mauern, Pfeilern und Gewölben, bei dem fast völligen Fehlen bildnerischen Schmuckes aufweist, berührt beinahe peinlich, fast einzig dem Dom, in welchen die verständige reformirte Lehre nie ihren Einzug gehalten hat, ist einiges Bildwerk erhalten geblieben. Der Mangel an demselben tritt in den übrigen mittelalterlichen Kirchen der Stadt um so stärker hervor, als die architektonischen Formen kaum in einer zu der Schönheit sich entfaltet haben, welche ihre Befriedigung in sich selbst trägt.

Die Schuld daran fällt freilich dem hervorgehobenen Mangel an Formenempfindung nicht allein zur Last, sondern auch historische Bedingungen haben wesentlich darauf eingewirkt. Der Kernbau unserer vier altstädtischen Pfarrkirchen, wie er bis heute erhalten ist, fällt in die letzte Periode des romanischen Baustils; in der kurzen Zeit von 50 bis 60 Jahren sind sie am Ende des zwölften und in der ersten Hälfte des dreizehnten Jahrhunderts aufgeführt worden. Eine ausserordentliche Baulust muss damals die aufblühende Stadt beherrscht haben, die eben anfing sich aus den Fesseln der erzbischöflichen Gewalt zu lösen, die in dem Stadtrath eine eigene städtische Verwaltung gewann, die schon durch den Abschluss von Verträgen mit den friesischen Volksstämmen an der unteren Weser die Bahn einer selbstständigen auswärtigen Politik erfolgreich zu beschreiten vermochte. Das Bestreben der Erzbischöfe nach einer glanzvollen Entfaltung des Kirchenwesens in ihrer Hauptstadt und das der Bürger, ihrer Heimath die Zierde grosser Bauten und ihrem jungen öffentlichen Leben würdige Versammlungsräume zu schaffen, traf zusammen, um beide für reiche Spenden an die neuen Kirchen willig zu machen. Und aus diesen Bestrebungen gingen Bauten hervor, die freilich nicht den höchsten Anforderungen der Kunst entsprachen, aber doch in stilvoller Durchbildung ihrer Theile einen wohlthuenden Eindruck hervorrufen mochten. Indes keiner der vier Kirchen war es vergönnt diesen Charakter zu bewahren oder voll zu empfangen: bei einer - der Liebfrauenkirche — blieben Theile einer älteren Anlage ohne genügende organische Verschmelzung mit dem Neubau stehen, alle erlitten durch Umbauten oder Anbauten in der Zeit der Alleinherrschaft der Gothik wesentliche Umgestaltungen, welche, meist nur durch Raum- oder Cultusbedürfnisse, nicht durch den Zustand der noch verhältnissmässig jungen Bauten hervorgerufen, bei keiner zu einem vollen Neubau, zu einem Sieg der neuen Stilrichtung führten. So machen unsere Hauptkirchen alle den Eindruck des Unvollendeten, man kann wol sagen des Formlosen. Ein Glück ist es noch zu nennen, dass die schweren Krisen, welche Bremen im 16., 17. und 18. Jahrhundert zu bestehen hatte, unsere Kirchen davor bewahrt haben in der Zeit der Renaissance und des Rococco wesentliche Aenderungen zu erfahren, die eine noch gröblichere Entstellung ihres ursprünglichen Charakters hätten herbeiführen müssen. Erst die neuere Zeit, welche den Mangel einer individuellen Stilistik durch sorgfältigere Beachtung der Eigenthümlichkeiten der Vergangenheit zu ersetzen versuchte, konnte und kann der Aufgabe einer gründlichen Restauration und, soweit es möglich ist, einer stilistischen Durchbildung unserer Kirchen gerecht werden, und hat schon erfreuliche Anfänge darin gemacht.

Diese neue Zeit hat auch begonnen, die Schuld des Reformationszeitalters, die Zerstörung des inneren Kirchenschmuckes, zu sühnen und sie wird ohne Zweifel in diesem Bestreben fortfahren.

4

Einst beruhte, darüber dürfen wir uns nicht täuschen, ein gut Theil der Anziehungskraft, welche die Kirchen auf alle Kreise des Volks übten, darauf dass dieselben auch in ihrer äusseren Erscheinung der Stolz der Gemeinde waren. Wie überall die Kunst im Gefolge der Religion erwachsen ist, so hat sie auch das ganze Mittelalter hindurch alle ihre besten Gaben dem Dienste Gottes und seiner Heiligen, dem Schmucke der Gotteshäuser dargebracht. Was die Malerei und die Sculptur herrlichstes erschuf, was die Kunst des Silberschmiedes und des Paramentenstickers, des Holzschnitzers und des Glockengiessers bestes vermochte, das gehörte der Kirche an und durch sie der Gesammtheit. Die künstlerische Ausführung war nach Zeit und Ort, nach der Begabung der Künstler und der Richtung des Geschmacks verschieden; und nach dem Wenigen, was uns hier erhalten geblieben ist, dürfen wir nicht schliessen, dass die Erzeugnisse der Kunst und des Handwerks im Mittelalter bei uns einen hohen Grad der Vollendung erreicht haben, allein sie bewirkten doch auch hier, dass die Kirchen in künstlerischer Ausstattung Alles hoch überragten, was in den kunstlosen Häusern der Privaten an Schmuckgegenständen sich befand. Erst die Renaissance und die Reformation haben die bildende Kunst in andere Sphären gedrängt, der Calvinismus hat ihr gar die Thür der Kirchen verschlossen. Und nachdem nun endlich die verderblichen Wirkungen, welche der dreissigjährige Krieg auf das deutsche Kunsthandwerk geübt hat, überwunden zu werden beginnen, nachdem die schale Nüchternheit des Geschmacks beseitigt ist, welche als natürliche Reaction dem Zopfe folgte, nun sucht in immer steigendem Grade der Einzelne seine tägliche Umgebung mit schönen Gestalten zu schmücken, gewöhnt er sein Auge an den Reiz gefälliger Formen bei all den mannigfaltigen Apparaten, welche unsern gesteigerten Lebensbedürfnissen dienen. Die Wände unserer Zimmer sind mit Darstellungen des Höchsten und Schönsten geziert, was in Vergangenheit und Gegenwart die bildende Kunst geschaffen hat, die Meisterwerke aller Jahrhunderte sind uns vertraut. Wir sind wieder gewöhnt an die Pracht satter Farben, an den strahlenden Glanz metallener Geräthe. Formen- und Farbenschönheit sind, bewusst oder unbewusst, zu Elementen unseres geistigen Lebens geworden, sie erquicken unsere Phantasie, sie bereichern unser Empfinden. Und sollten nun allein unsere Kirchen dieser glücklichen Entwickelung fremd bleiben? sollten sie nicht wieder, wie weiland, im Schmuck der Bilder und Sculpturen in allem, was edler Geschmack ihnen an schönen Formen in Holz, in Stein, in Metall zu liefern vermag, unseren Wohnungen, unseren anderen öffentlichen Gebäuden voran stehen? Gewiss, die Kirche ist den Richtungen der Zeiten ebenso unterworfen, wie alle anderen Formen menschlicher Gemeinschaft, sie wird dann ihre hohe Aufgabe am würdigsten erfüllen, dann die Menschen am ehesten bei sich festhalten oder wieder zu sich ziehen, wenn sie den würdigen Bestrebungen des Zeitalters kühn vorangeht, wenn sie auch in ihrer äusseren Erscheinung eine Stätte bietet, welche nicht nur nicht im Widerspruche mit dem steht was ein edler Kunstsinn fordert, sondern die Verwirklichung unserer höchsten Ideale darzustellen bestrebt ist.

Freilich ist die Erfüllung einer solchen Forderung nicht leicht für den Protestantismus. Er hat den Sitz der Religion aus der Kirche zurückverlegt in die Herzen der Menschen; die Kirche ist nicht mehr die Bedingung unseres Verkehrs mit Gott, sondern nur ein Mittel, um unserer Verehrung einen feierlichen Ausdruck zu geben, um uns gemeinsam mit Gleichgesinnten für eine Stunde von den Beziehungen zu Gott zu unterhalten. Während der Katholik zu jeder

Stunde des Tages die Kirche offen findet, deren Heilige allein ihm Trost für sein beängstigtes Gewissen aus ihrem Gnadenschatze spenden können, gehen wir an den geschlossenen Gotteshäusern vorüber, die für den Einzelnen nichts mehr sondern nur noch für die festlich versammelte Gemeinde etwas bedeuten.

Und einst war es nicht allein das religiöse Bedürfniss, auch Erfordernisse des profanen Lebens verschiedener Art, welche sie zu wahren Mittelpunkten der Gemeinden machten. Eben die Gewohnheit des täglichen Verkehrs in ihnen liess die ehrfürchtige Scheu nicht aufkommen, mit der wir heute ihre Hallen betreten. Hier vereinigten sich die Parteien, um einen Kauf abzuschliessen, um einen Rechtsstreit in Güte zu erledigen, hier versammelten sich die Handwerksgenossen, um die Interessen ihres Amtes zu berathen, hier traten die Mitglieder des Kirchspiels, auch wol Rath und Bürgerschaft zusammen, um kleine und grosse Angelegenheiten der Stadt zu besprechen, die mit der Kirche nichts zu schaffen hatten, vielleicht selbst gegen die geistliche Herrschaft gerichtet waren. Es gab kaum einen wichtigen Akt in dem Leben der Einzelnen, kleiner und grosser Genossenschaften, der sie nicht in die Kirche geführt hätte. Zahlreiche Erinnerungen der mannigfaltigsten Art knüpften sich für Alle an diese Räume, die heute schwerer zugänglich sind als jedes Privathaus; kein Wunder, dass man ihnen eine würdigere Ausstattung verlieh, als allen anderen Gebäuden.

Wie viel uns verloren gegangen ist, wir können es heute nicht ermessen. Nur dürftige Notizen sind uns an Stelle der alten Schätze übrig geblieben, noch dürftigere Reste haben sich durch die stille und die gewaltsame Zerstörung der Jahrhunderte bis auf unsre Tage erhalten. Aber auch über die Kirchen selbst ist unser historisches Wissen ausserordentlich gering. Kaum von einer einzigen können wir auf Grund historischer Ueberlieferung die Bauzeit mit einiger Genauigkeit bestimmen. Im Jahrhundert ihres Entstehens hat die Geschichtschreibung in Bremen völlig oder fast völlig geruht und keine Chronik berichtet ein Wort über diese Bauten. So sind wir allein auf die wenigen Andeutungen in Urkunden beschränkt, deren Wesen es ist Rechtsverhältnisse zu normiren, nicht aber Geschichte zu schreiben, und müssen im übrigen versuchen, so gut es gehen mag, aus den Gebäuden selbst ihre Geschichte herauszulesen.

Der Plan der folgenden Blätter ist der, zuerst die vier altstädtischen Pfarrkirchen nach der historischen Reihenfolge ihrer Begründung zu betrachten, sodann die Klosterkirchen und die Kirche des deutschen Ordens, und endlich ein Wort zu sagen über die kleineren Gotteshäuser, die längst, wie die der Klöster und des Ordens, verwandelt, verschwunden, wol gar vergessen sind. Die Kirchen, welche die beiden letzten Jahrhunderte in unsern Mauern haben entstehen sehen, bleiben von der Betrachtung ausgeschlossen.

Für drei unserer Pfarrkirchen, die Unser Lieben Frauen, die St. Anscharii- und die St. Martinikirche liegen eingehende Abhandlungen des um die Bremische Kunstgeschichte vielfach verdienten Dr. H. A. Müller vor,[*] welche dem Verfasser dieser Arbeit von grossem Nutzen gewesen sind, auch da wo seine Meinung von der Müllers abweicht. Ueber die Anscharii-

---

[*] Ueber die Liebfrauenkirche im Organ für christliche Kunst 1861 Nr. 16 u. 17; über die Anscharükirche ebend. 1862 Nr. 3, 4 u. 5; über die Martinikirche in den Mittheilungen der Oesterreichischen Centralcommission für Erhaltung der Baudenkmale. 1864 S. XXXIV ff.

und Martinikirche hat ausserdem S. Loschen in Anlass der Müller'schen Arbeiten eine interessante Abhandlung veröffentlicht,*) deren Resultate zwar gleichfalls mit den hier gewonnenen zum Theil in Widerspruch stehen, aber nichts desto weniger dem Verfasser sehr lehrreich gewesen sind. Der historische Rahmen aber musste hier, entsprechend dem Zwecke dieser Schrift, erheblich weiter gespannt werden, und sowol aus diesem erweiterten historischen Gesichtskreis wie aus der zusammenhängenden Betrachtung der verschiedenen kirchlichen Gebäude ergaben sich manche Modificationen der bisherigen Anschauungen. Ueber die alte Deutschordenskirche liegt eine belehrende Abhandlung von Loschen vor,**) welche im Zusammenhang mit der gleichzeitigen Darstellung über die hiesige Deutschherren-Commende von Dr. H. A. Schumacher***) im wesentlichen die Grundlage für den bezüglichen Abschnitt dieses Werks gebildet hat; und über die Reste des St. Katharinenklosters hat gleichfalls Loschen einige Notizen publicirt.†) Die St. Stephanikirche und die St. Johannis-Klosterkirche sind hier zum ersten Male zum Gegenstand einer kunsthistorischen Betrachtung gemacht,††) und für sie muss der Verfasser, der zum ersten Male dieses Gebiet betritt, um besonders nachsichtige Beurtheilung bitten.

Von den Abbildungen dieses Theils sind diejenigen der Liebfrauen- und der Martinikirche nach Aquarellen des Malers C. Junghans angefertigt: der Ansicht der Stephanikirche liegt eine aquarellirte Zeichnung des Architecten Ed. Gildemeister zu Grunde, während die der Anscharikirche nach einer älteren Zeichnung von C. Grabau hergestellt worden ist. Die Darstellungen der Kirchengiebel sind nach Zeichnungen von S. Loschen, die übrigen photolithographischen Beigaben nach Aufnahmen von L. O. Grienwaldt hergestellt.

Die ausserordentliche Sorgfalt, welche der Herr Verleger, der keine Mühen und Kosten scheute, für die artistische Ausstattung des nunmehr vollendet vorliegenden Werkes angewandt hat, wird von den Lesern ebenso wie von der historischen Gesellschaft des Künstlervereins auf's dankbarste anerkannt werden, wie denn dem rastlosen Eifer des Herrn C. Ed. Müller für dieses Werk dessen endlicher glücklicher Abschluss in hervorragendem Masse zu verdanken ist.

W. von Bippen.

*) Brem. Jahrbuch II S. 478 ff.
**) Brem. Jahrbuch II S. 244 ff. mit Abbildungen.
***) Ebend S. 184 ff.
†) Ebend I S.
††) Abgedruckt von den knappen Notizen Kugler's in den kleinen Schriften II S. 643 ff.

Die Kirche Unser Lieben Frauen.

Mehr als zwei Jahrhunderte lang blieb der Dom die einzige Kirche Bremens, denn die Heiligthümer, welche, einer späten Nachricht zufolge, Willehads Nachfolger Erzbischof Willerich gleichzeitig mit der Umwandlung des aus Holz erbauten Doms in einen steinernen errichten liess, verdienen gewiss jenen Namen nicht *) und eben so wenig das dem heiligen Michael und den Märtyrern Stephan und Veit geweihte Bethäuschen (oratiolum), das Erzbischof Adalgar um 890 über dem Grabe seines Vorgängers Rimbert an der Ostseite des Doms erbaute **). Dies letzte wurde nach anderthalb Jahrhunderten, da es ganz baufällig geworden war, wieder niedergerissen, ohne andere Spuren seines Daseins in der Geschichte unserer Stadt zu hinterlassen als die Meldungen von seinem Entstehen und Vergehen. Von jenen beiden Heiligthümern Willerichs können wir höchstens den Namen des einen muthmassen: es scheint eine Capelle über dem Grabe des h. Willehad gewesen zu sein, die Vorgängerin derjenigen, welche zwei Jahrhunderte später, da sie in einem Brande zu Grunde gegangen war, Erzbischof Unwan erneuerte. Eben dieser Erzbischof war es, welcher im ersten Viertel des 11. Jahrhunderts — er bekleidete sein Amt von 1013—1029 — seiner wachsenden Metropole eine zweite Kirche, die Basilika des heil. Veit schenkte. Er liess dieselbe, wie Adam berichtet, ausserhalb der Stadt (extra oppidum) auf-bauen, d. h. ausserhalb des alten, von Weser und Balge umschlossenen, Ortes, auf der gesicherten Höhe der Düne, auf welcher auch der Dom stand, nahe dem Platze, auf dem sicher schon damals, wie auch heute, der Marktverkehr sich bewegte. Es steht jetzt unzweifelhaft fest, dass die Veits-kirche die Vorgängerin der späteren Marien oder Unser Lieben Frauenkirche war: sie wird im Jahre 1139 ausdrücklich als ecclesia sancti Viti que est forensis, die Kirche des heil. Veit, welche die Marktkirche ist, bezeichnet, sie erscheint in eben dieser Urkunde als Pfarrkirche und im Jahre 1227 wird wiederum die Marienkirche als die einzige Pfarrkirche der Stadt genannt. Das war für Unwan das wichtigste, dass er der anflüthenden Stadt eine eigene Pfarrkirche gab und damit seine Kathedrale aus dem engen Verbande löste, in welchem sie als Verwalterin der Pfarrgerechtsame bis dahin zu der Stadt Bremen gestanden hatte. Nun erst erschien der Dom, dessen Capitel zugleich durch Unwan eine feste Verfassung erhielt, als die wahre Haupt- und

---

*) Brem. Ub. I No. 8 nach Adam von Bremen.
**) S. Brem. Ub. I No. 8.

Mutterkirche des Erzstifts, nicht mehr einer einzelnen Gemeinde besonders verbunden, sondern alle ihre Söhne in gleicher Weise umfassend.

Wir wissen, dass der Dom damals keineswegs ein Werk hervorragender Baukunst war; seit seiner Errichtung am Schlusse des achten oder im Beginn des neunten Jahrhunderts hatten Technik und Geschmack wesentliche Fortschritte gemacht, die dem neuen Kirchenbau zu gute kommen mussten. Freilich berichtet Adam, der Erzbischof habe aus den Wäldern, die noch immer die Zufluchtsstätten der Reste des alten Heidenthums waren, durch die ganze Diöcese Kirchen erbauen lassen, unter ihnen auch die Basilika des heil. Veit, aber er will damit schwerlich sagen, dass diese Kirche ein Holzbau gewesen sei. Man hatte schon üble Erfahrungen über die Gefährdung der Holzbauten in volkreichen Orten gemacht, die Technik des Steinbaus aber war hier ja längst bekannt, die Herbeischaffung des Materials aus den Wesergebirgen konnte keine allzu grosse Mühe verursachen. Es ist fast mit Sicherheit anzunehmen, dass uns noch heute wenigstens in dem südlichen Thurme, welcher die Westfronte der Liebfrauenkirche flankirt, wahrscheinlich aber auch in noch anderen Theilen des Baus Ueberreste von dem Baue des heil. Veit erhalten geblieben sind. Und dieser Bau wird muthmasslich eine in frühromanischem Stile aufgeführte Basilika gewesen sein. Die Gründe, welche für diese Annahme sprechen, werden passend erst nach einer Schilderung der gegenwärtigen Gestalt der Kirche erörtert werden, die trotz der scheinbaren Einfachheit ihrer Structur dem Betrachtenden nicht wenige Räthsel aufgibt.

Nur einmal noch wird uns gegen Ende des 12. Jahrhunderts in einer Darstellung Arnolds von Lübeck über die Zwistigkeiten zwischen der Stadt Bremen und dem Erzbischof Hartwig II die forensis ecclesia genannt, was hier wol nichts anderes bedeutet als die Pfarrkirche im Gegensatze zum Dome, leider aber ohne Bezeichnung ihres Schutzpatrons; dann hören wir, zum ersten Male im Jahre 1220 *), und von da ab ununterbrochen, von der Marien- oder Liebfrauen-Kirche, während der Name der Kirche des heil. Veit völlig verschwunden ist. Es kann wol keinen Zweifel leiden, dass die grosse bauliche Umgestaltung, welche aus der alten Basilika die heutige Hallenkirche machte, den Anlass gegeben hat, den Neubau, dem seit dem Ende des 12. Jahrhunderts immer weiter verbreiteten Mariencultus zu lieb, der Mutter Gottes zu weihen.

Bremen hatte in den zwei Jahrhunderten nach der Regierung des Erzbischofs Unwan einen ausserordentlichen Aufschwung genommen. Längst war die Stadt aus dem engen Kreise herausgewachsen, der sie damals noch mit der Balge umgrenzte. An die Pfarrkirche sich anlehnend war ein neuer Stadttheil am Abhang und auf der Höhe der Düne entstanden, ja weit im Westen hatte sich um die inzwischen erbaute Stephanskirche eine ausgedehnte Ansiedlung gebildet, die, wenn sie auch zur Stadt nicht zugerechnet wurde, doch dazu beitrug das Ansehen Bremens und die Kraft seiner Bürgerschaft zu erhöhen. Die weiten Sumpfstrecken, welche Bremen an beiden Ufern der Weser einst umgaben, waren seit Beginn des 12. Jahrhunderts durch herbeiziehende Colonisten in immer ausgedehnterem Masse in wolbebaute Aecker verwandelt, und die steigende Cultur der Umgebung trug fast so sehr wie der zunehmende Handel zum raschen Wachsthum der städtischen Bevölkerung bei. Schon hatte die Bürgerschaft Privilegien des Kaisers und des Erzbischofs in Händen, und in dem grossen Kampfe zwischen Staufern und Welfen, der

---

*) Die päpstl. Bulle vom 2. Sept. 1220 (Brem Ub I No. 120) ist u. a. an den plebanus s. Marine Bremensis adressirt.

ganz Norddeutschland bis in die tiefsten Schichten des Volkes durchzuckte, hatte sie eine selbständige Stellung ihrem Herrn, dem Erzbischof Hartwig II gegenüber eingenommen. Aber der
hier zuerst, so häufig in der Folgezeit, geführte Kampf der Stadt gegen die bischöfliche Gewalt
hatte im Mittelalter stets nur eine politische Bedeutung, er berührte nicht von fern die Stellung
des Einzelnen oder der Gesammtheit zur Kirche als der Hüterin des Gnadenquells, der man
irdische Schätze in reichem Masse darbrachte, um sich himmlische zu erwerben. War die alte
Veitskirche noch allein durch die Initiative und mit den Mitteln des Erzbischofs erbaut worden,
so hatten ein Jahrhundert später schon die Bürger der Stadt freiwillig ihre Kräfte zum Bau der
Stephanskirche angeboten und dem ersten Märtyrer bereits früher ein Bethäuschen errichtet; gegen
Schluss des 12. Jahrhunderts war die Jacobikirche durch einen einzigen reichen Bürger erbaut
worden. Nun war der wachsenden Bevölkerung auch ihre alte Pfarrkirche zu eng geworden,
sie genügte nicht mehr für die Bedürfnisse eines pomphafteren Gottesdienstes, nicht mehr für
das Sendgericht, welches der Dompropst, zu dessen Archidiakonat die Stadt gehörte, dort abhielt,
um die Vergehen gegen die Gesetze und Ordnungen der Kirche zu sühnen, nicht mehr für die
Versammlungen der Bürgerschaft, welche hier ihre Berathungen über die gemeinsamen Angelegenheiten der Stadt pflog. So unternahm man denn, muthmasslich im ersten Decennium des dreizehnten Jahrhunderts*), die Umgestaltung des Baus in die dreischiffige Hallenkirche, die, freilich
nicht ohne noch manche spätere Umwandlung zu erfahren, bis heute erhalten geblieben ist.

Wieder hatte inzwischen die Baukunst ausserordentliche Fortschritte gemacht und auch
in unserer Stadt schon praktisch verwerthet. An Stelle des Halbkreisbogens hatte man gelernt
zwei Kreissegmente zu einem Spitzbogen zusammenzufügen und damit ein Formprincip gewonnen,
welches der mannigfaltigsten Ausbildung fähig war; man hatte seit den Tagen Hartwigs I., um
die Mitte des 12. Jahrhunderts, begonnen sich aus gebranntem Thon ein heimisches und vor-
treffliches Baumaterial zu schaffen, welches, schnell über das ganze des gewachsenen Steins ent-
behrende norddeutsche Tiefland verbreitet, der Baukunst eine ausserordentliche Anregung geben
und neue Aufgaben stecken musste, man hatte endlich ungefähr gleichzeitig mit dem Ziegelbau
die Kunst der Einwölbung grosser Räume auch hier zu üben begonnen. Es ist einleuchtend,
welche Veränderung die Aufnahme dieser drei Elemente in der Bauthätigkeit hervorrufen musste,
mit ihnen war zugleich alles gegeben, was demnächst eine originelle Entwickelung der Gothik,
die soeben ihren Einzug am Rheine hielt, auf deutschem Boden herbeiführte. In etwa fünfzig
Jahren hat das gothische Bauprincip Deutschland vollständig erobert, um dann einige Jahrhunderte lang seine ausschliessliche Geltung zu behaupten; für die grossen kirchlichen Bauten aber,
welche im Beginne des dreizehnten Jahrhunderts in Bremen schnell nach einander und zum
Theil neben einander entstanden, kam es zu spät. Unsere sämmtlichen Hauptkirchen sind durchaus noch auf dem Boden des Romanismus erwachsen, sie gehören dem sog. Uebergangsstil an,
der eben nicht ein neues Bauprincip darstellt, sondern lediglich eine, die letzte, Entwickelungs-
form der romanischen Kunst.

*) Ich möchte die letzten zehn verhältnissmässig ruhigen Jahre des Erzbischofs Hartwig II als die Bauzeit der L. Fr. K.
ansehen; weder die erste kriegerische Hälfte von Hartwig's Regierung noch die schweren Zeiten des Schismas von 1207—1217 waren
einem solchen Bau günstig.

Das gilt also auch von der Liebfrauenkirche, oder genau genommen von deren Langhause, dessen Bauglieder durchaus die spätromanischen Formen zeigen. Gestützt auf zwei Paar Arkadenpfeilern und den an die Umfassungsmauern sich lehnenden Halbpfeilern wölben sich über Spitzbogen neun fast quadratische Joche, durch welche drei in Breite, Länge und Höhe gleiche Schiffe gebildet werden. Aus dem quadratischen Kern der Pfeiler treten seitlich starke Halbsäulen mit einem kelchförmigen von mannigfaltigem Blätterornament umgebenen Capitäl hervor und tragen auf ihrer Deckplatte die starken unprofilirten Quergurten der Gewölbe, während kleine in die Pfeilerecken eingelassene Säulchen die wulstförmigen Kreuzrippen stützen. Die Pfeiler ruhen auf einer schmalen attischen Basis, welche sich mit verschiedenartig gebildeten Eckblatte auf einen kräftig profilirten Sockel legt. Vier Gewölbjoche zeigen eine schon bei Schilderung des südlichen Seitenschiffs des Doms hervorgehobene Eigenthümlichkeit, welche vermuthen lässt, dass beide Wölbungen, wenn nicht von dem selben Meister, so doch aus der gleichen Zeit stammen. Hier wie dort treffen die Kreuzrippen, ehe sie den Scheitel des Gewölbes erreichen, auf einen kreisförmigen Rundstab, und durchschneiden diesen, um dann, wie auch die Kreuzrippen der übrigen Joche, in einem traubenförmig herabhangenden Zapfen zu enden. Jene vier mit dem Rundstab geschnittenen Joche haben ausser den Kreuzrippen noch je zwei, in der Richtung der Längen- und Breitenachse der Schiffe laufende, Rippen, durch welche das Gewölbe in acht Kappen zerlegt wird. Dieser einfachen in massvollen Verhältnissen aufgeführten Halle, welche auf jeder Seite durch drei in Spitzbogen endende Fenster Licht erhielt, schloss sich muthmasslich ehemals ein in gleichen Formen ausgeführter Chor an, welcher aber in gothischer Zeit, im 14. oder 15. Jahrhundert, einmal oder vielleicht zweimal bedeutende Umwandlungen erfahren hat. Drei Gewölbjoche geben dem rechtwinklig abgeschlossenen Chore eine unverhältnissmässige Länge; die birnförmig profilirten Quergurten und Kreuzrippen setzen in den beiden vorderen Gewölbjochen in nahezu halber Höhe der Wand auf fein gearbeiteten Consolen auf, von welchen eine eine knieende Gestalt, eine zweite reichen Blätterschmuck, zwei andere eine Baldachinbildung zeigen. Zwischen dem zweiten und dritten Gewölbjoche geht das Gurten- und Rippenbündel bis auf den Boden herab, und die durch diese Abweichung hervorgerufene Vermuthung, dass hier der ursprüngliche Schluss des Chors gewesen sei, welcher dann in einer abermals nicht zu fixirenden späteren Zeit die Erweiterung zu der heutigen Länge erhalten habe, wird noch gestützt durch die verschiedenartige Profilirung der tiefen, nach der Aussenseite hin gewandten Laibung und der Stäbe, welche den vier Fenstern der ersten beiden Gewölbjoche einerseits und den beiden seitlichen Fenstern und dem breiten Fenster der Rückwand des dritten Gewölbjochs andererseits eigen ist. Dass der heute um einige Stufen über den der Kirche erhöhte Boden des Chors ursprünglich eine tiefere Lage gehabt hat, beweist nicht nur die Vermauerung der unteren Theile der Fenster, sondern auch das Fehlen des Sockels bei den bis auf den jetzigen Boden herabreichenden Gurten und Rippen.

Etwa um die gleiche Zeit, in welcher die erste Umwandlung des Chors erfolgte, nahm man eine bedeutende Erweiterung des Langhauses vor durch Anbau eines zweiten südlichen Seitenschiffs, welches auch die gleiche Höhe, Breite und Länge wie die drei älteren Schiffe erhielt, das sich aber durch seine birnförmig profilirten Rippen als ein Bau gothischer Zeit documentirt. Vielleicht hatte sich schon früher eine Anzahl von Capellen dem südlichen Schiffe angeschlossen, welche man nun durch den Umbau der Kirche vollständig einfügte. Aber selbst diese Raumerweiterung genügte dem hochgesteigerten Cultusbedürfniss der letzten Zeit des Mittelalters noch nicht: um die Mitte des 15. Jahrhunderts wurde für den von dem damaligen Pfarrherrn Johann Oldeber fundirten Altar zum heiligen Kreuz an der Südseite der Kirche eine Capelle erbaut, deren Dasein durch eine Urkunde aus dem Jahre 1473 bezeugt wird, und im Jahre 1474, wie abermals eine Urkunde lehrt, wurde ungefähr an der Mitte der südlichen Wand des vierten Schiffs noch eine neue Capelle, mit einem der Mutter Gottes, dem Evangelisten Johannes und dem heiligen Erasmus gewidmeten Altare, von den Bauherren der Kirche auf Beschluss des ganzen Kirchspiels errichtet. Diese Capellen sind heute vom Erdboden verschwunden und das vierte Schiff ist vor zwei Jahrzehnten durch eine Mauer von der Kirche geschieden und durch eine Theilung in zwei Stockwerke zu Zimmern für die kirchliche Gemeindeschule umgewandelt. In die Mauer sind, den Gewölbjochen entsprechend, drei spitzbogige Fenster mit gothischem Masswerk und buntem Glas eingesetzt, welche dem südlichen Schiffe ein wenig Licht zuführen, während dasselbe vorzüglich durch ein Fenster in seiner Ostseite erleuchtet ist. Die drei Fenster der Nordwand sind erst in jüngster Zeit mit neuem gothischen Masswerk und Münchener Glasmalereien versehen worden.

Dass einst auch die Liebfrauenkirche anstatt der weissen Tünche mit Wandmalereien geziert war, wird man annehmen dürfen, wenn auch keine Spuren von ihnen erhalten geblieben sind: kahl und nackt schauen uns heut die Wände, die Pfeiler an, denen keine Farbe Leben, kein Bildwerk, nicht einmal ein Epitaph der Renaissance oder Rococozeit, einen Schmuck verleiht, in der keine Ampel, keine alte Krone an die Pracht eines in strahlendem Kerzenlicht gefeierten Gottesdienstes mehr erinnert. Mit ihnen sind die Altäre verschwunden, an denen sonst der Mutter Maria, Johannes dem Täufer, dem heiligen Jacobus, der heiligen Anna, Messopfer gebracht wurden, dahin sind Kelche und Reliquienschreine, Rauchkessel und Paramente, in denen einst das Bremische Handwerk die Blüthe seiner Kunst feierte. Abhanden gekommen ist leider auch die kupferne Taufe, die im Jahre 1317 gefertigt eine dogmatisch und stilistisch heute ungeniessbare Lobpreisung der heiligen Jungfrau als Inschrift trug*) und noch im vorigen Jahrhundert ihre Stätte unter der Orgel hatte. Die fromme Gesellschaft von Männern und Frauen, welche im Jahre 1505, nur ein halbes Menschenalter vor der Reformation, mit bedeutenden Mitteln die Stiftung eines Gottesdienstes machte, wonach in unserer Kirche täglich um 4 Uhr Nachmittags ein Salve regina mit einem de profundis und zwei Collecten gesungen werden sollte „dewile dat Bremen steit unde de vorbenompte kercke in eren unde wesende wert geholden", sie würde wol die nachreformatorische Kirche kaum als eine solche betrachten die in Ehren und Wesen erhalten wäre; aber die nachlebenden Geschlechter haben ihr Recht gebraucht, ihrer Kirche das einfache Kleid anzulegen, welches dem durch die Reformation wiedergewonnenen einfachen Verhältniss des Menschen zu Gott zu entsprechen schien, und wir dürfen die Männer nicht tadeln, welche der Kunst den Aufenthalt im Gotteshause verwehrte, weil sie einst dem götzendienerischen Cultus der Heiligen gedient hatte. Erst spätere Geschlechter haben wieder erkannt, dass in einem Hause,

*) Brem. Jahrb. VI. S. LXXXIX. Virgo tuo sacro salvandi sunt pia loti Qui fuerint lavacro consuantari tibi toti. Anno domini M. CCC. XVII in die beate Lucie virginis fieri fecit tabulsterium istud. . . .

2*

in welchem die Lobpreisungen Gottes in Wort und Lied und Orgelton erschallen, auch die bildende Kunst den Anspruch erheben darf und soll zur Ehre des Höchsten ihre Gaben zu entfalten. Diesem Sinne ist schon die Kanzel aus dem Jahre 1709 zu verdanken, deren Holzschnitzarbeit, wie die diesem Werke beigegebene Abbildung (Taf. II) zeigt, eine späte Blüthe der Renaissance aufweist. Die vier Evangelisten und Moses mit den Gesetzestafeln in der Hand, welche in flachem Relief die fünf Seiten der Kanzel zieren, und die sechs voll ausgearbeiteten weiblichen Figuren, welche auf kleinen Postamenten an den Ecken der fünf Flächen angebracht sind, die Liebe, den Glauben, die Hoffnung, die Demuth, die Gerechtigkeit und eine noch angedeutete Figur darstellend, zeigen eine wohlgeübte Künstlerhand. Aus solchem Sinne hat man auch dem einfach gothischen Altare im Jahre 1830 in der Darstellung des Abendmahls durch den Berliner Maler Herdt einen wolgemeinten Schmuck, hat man in neuester Zeit der Orgelfaçade ein künstlerisches Ansehen, den Fenstern der Nord- und Südseite, wie schon erwähnt, ihr farbiges Glas verliehen, und ist man fortwährend bemüht der Kirche im Aeussern und im Innern den Charakter eines Werkes edler Kunst zurückzugeben, wie er ihres hohen Zweckes würdig ist. Zurückzugeben, oder auch überall erst zu schaffen: denn wenn auch das Innere des Baues im ganzen einen ästhetisch befriedigenden und in jedem Falle einen würdigen Eindruck macht, der nur durch die in protestantischen Kirchen schwer entbehrlichen Emporbühnen von ziemlich plumper Holzarbeit etwas beeinträchtigt wird, so muss man doch sagen, dass die Aussenseite auch nur den mässigsten Ansprüchen an Formenschönheit keineswegs entspricht oder jemals entsprochen hat. Die Anbauten zwar, welche, wie auch unsere farbige Abbildung zeigt, die Westfaçade der Kirche entstellen, wären unschwer fortzuräumen, aber damit wäre nicht die Disharmonie der einzelnen Theile des Baus beseitigt, nicht der Mangel an Gliederung, der zumal an der Nordseite in störender Weise hervortritt. Die Stärke der in Haustein aufgeführten Mauer hat hier nicht einmal die Anbringung von äusseren Stützen zur Aufnahme des Gewölbedrucks nothwendig gemacht, die Fenster zeigen eine dürftige Laibung, die flache Wand schliesst mit einem stabartigen schmalen Gesims, über welchem sich ohne organische Verbindung drei in Ziegelstein roh aufgeführte Spitzgiebel, den drei Gewölbjochen entsprechend, erheben. Diese nehmen, wie dies auch bei anderen Bremischen Kirchen der Fall ist, drei quer über die Kirche fortlaufende Dächer auf, die auf der Südseite abermals von drei Spitzgiebeln getragen werden, hier aber hat man in spätgothischer Zeit den Giebeln schönprofilirte Fensterblenden vorgesetzt, deren in mehrfarbigen Ziegeln ausgeführte feine Zeichnung einen gefälligen Eindruck macht (s. Taf. I); den Mangel an organischer Verbindung mit dem Unterbau hat man neuerdings durch Aufsetzung einer niedrigen Gallerie auf die Hausteinmauer zu verdecken gesucht. Auch sind hier, wo die Umfassungsmauer eine geringere Stärke hat, der inneren Pfeilerstellung entsprechend, äussere Stützen gegen den Druck des Gewölbes angeordnet, welche die lange Mauerlinie unterbrechen. Dagegen hat freilich der erwähnte Umbau des zweiten südlichen Seitenschiffs in ein zweistöckiges Gebäude die Anbringung kleiner Unterfenster nothwendig gemacht, welche keineswegs zur Verschönerung der Südseite beitragen.

Die Westfaçade, welche unsere wolgelungene Abbildung darstellt, ist völlig verschiedenen Charakters. Der kleine Südthurm zeigt auf den ersten Blick, dass er die übrigen Theile der Kirche an Alter überragt. Seine zum Theil aus unbehauenen Steinblöcken roh zusammengesetzte Mauer, das einfache Stabgesims, welches die vier quadratischen Geschosse von einander trennt,

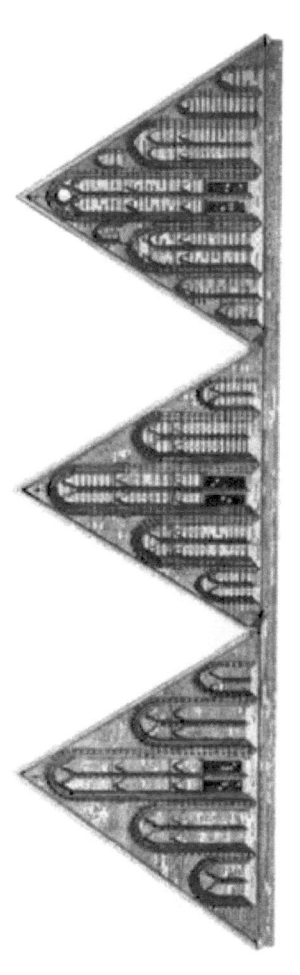

die Rundbogenfriese, mit welchen die flachen Mauerblenden geschmückt sind, die kleinen Fensteröffnungen, deren runde Säulchen ein einfaches Würfelcapitäl tragen, weisen den Bau in die früh-
romanische Zeit; von einem Gewölbe findet sich im Innern des offenbar unvollendeten Thurms
keine Spur. Hier haben wir ein Werk aus dem ersten Theile des elften Jahrhunderts vor uns,
einen der Glockenthürme der alten Veitskirche. Der jetzt zur Hälfte leider verdeckte Zwischen-
bau zwischen beiden Thürmen zeigt unten den Rest eines sehr gedrückten Rundbogenportals,
über welches in viel späterer Zeit ein hohes gothisches Fenster gesetzt ist; der nördliche Thurm
der über vier fast kubischen Geschossen sich zu spitzen Giebeln erhebt, die einen hohen achteckigen Helm tragen, ist offenbar wegen dieser seiner Last häufigen Reparaturen unterworfen
gewesen, die zum Beispiel in einzelnen Theilen zur Verblendung des Hausteinbaus mit Ziegeln
geführt und vielleicht nur das unterste Geschoss in seiner ursprünglichen Gestalt erhalten haben.
Dieses aber, welches seit Jahrhunderten dem Rathe der Stadt als Tresorkammer gedient hat und
noch heute die Urkunden, die Staatsverträge und andere werthvolle Theile des Staatsarchivs
beherbergt, trägt ein rohes jetzt rippenloses Gewölbe; doch zeigen freilich die in den vier Ecken des
Raums befindlichen schlanken Rundsäulen mit schönen romanischen Capitälen, dass Kreuzrippen
und Quergurten einst vorhanden waren. Dem Rundbogen dieses Thurmgewölbes nun entspricht in der anschliessenden Innenseite der Kirche ein jetzt als Mauerblende erscheinender
wulstförmiger Rundbogen, der nördlich auf ein an die Aussenwand der Kirche sich lehnendes
romanisches Säulchen mit ikonischem Capitäl aufsetzt, und südlich auf ein Säulchen mit romanischem
Kelchcapitäl, welches sich an den westlichen, das Mittelschiff und das nördliche Seitenschiff
trennenden, Wandpfeiler lehnt und dessen Profil in einer dem Bau des Langhauses nicht entsprechenden Weise erweitert. Wenn schon diese Beobachtungen der Vermuthung Raum geben,
dass wir es auch hier mit Resten der Veitskirche, die freilich wol erst dem 12. Jahrhundert angehören, zu thun haben, so wird diese Vermuthung fast zur Gewissheit, wenn wir in das Innere
des Zwischenbaus, der ehemaligen Vorhalle, treten und hier einen an die nördliche Wand des
Stadtthurms gelehnten Halbpfeiler gewahren, der freilich das gleiche Profil und die gleiche Basis
zeigt, wie die Pfeiler des Langhauses, aber in einer schiefen Stellung zu diesen sich befindet,
und schnell bemerklich macht, dass die Achse der Vorhalle nicht gerade vor der des Mittelschiffs
des jetzigen Langhauses liegt, sondern dass ihre Mauern gegen die Arkadenpfeiler etwas nördlich
verschoben sind. Nehmen wir noch hinzu, dass sich in der nördlichen Umfassungsmauer der
Kirche ein altes streng romanisches Rundbogenportal erhalten hat, welches schief unter dem
mittleren Fenster liegt, und da es mit den heutigen Gewölbjochen nicht correspondirt, unmöglich
für die Kirche in ihrer jetzigen Gestalt bestimmt gewesen sein kann, so wird sich als Schluss
ergeben, dass man bei dem Umbau der Veitskirche zur Liebfrauenkirche im beginnenden dreizehnten Jahrhundert eine radikale Umänderung der Pfeilerstellung vornahm, während man die ganze
Westfront und wenigstens einzelne Theile der Nordseite stehen liess. Die Theile der älteren
Kirche aber zeigen unter einander so erhebliche Verschiedenheiten in Behandlung des Materials
und in der Formenbildung, dass man annehmen muss, die Veitskirche des elften Jahrhunderts,
die der Thurmanlage nach eine, ohne Zweifel flach gedeckte, Basilika gewesen zu sein scheint,
habe im Beginne oder um die Mitte des zwölften schon selbst eine bedeutende Umwandlung
erfahren. Völlige Klarheit darüber wird sich bei dem mannigfaltigen Wandel, den die Jahr-

hunderte herbei geführt haben, freilich nicht mehr erreichen lassen und wir müssen darauf verzichten uns ein Bild von der ersten Pfarrkirche unserer Stadt, von dem Raume zu entwerfen, in welchem manch wichtiger Beschluss über die Angelegenheiten des eben zu selbstständigem Handeln erwachsenden Gemeinwesens gefasst sein wird.

Denn darin beruht die hervorragende Stellung, welche die Marienkirche, auch als sie längst nicht mehr die einzige Pfarrkirche der Stadt war, vermöge ihres Alters, vermöge ihrer Lage nahe an der Seite des alten sowol wie des neuen Rathhauses behielt, dass sie zugleich die erste Stelle in dem politischen Gemeindewesen einnahm. Die Männer ihres Kirchspiels waren im Rathe, in den Versammlungen der Bürgerschaft die vordersten, hier wurden gar manches mal die Besprechungen gepflogen, welche über Fehde und Frieden, über wichtige Verträge mit den Nachbaren und den entfernten Reichen des Nordens und Westens entschieden, hier hielten selbst einzelne Zünfte ihre Berathungen; der Hut der Liebfrauenkirche war das grösste Kleinod der Stadt, die die Freiheit und die Rechte der Bürger begründenden Privilegien, auch oft Schätze von realerem Werthe anvertraut, in ihrer Vorhalle wurden, wenn die Stadt die Erinnerungsfeste an erfochtene Siege feierte, den Armen Spenden aus städtischen Mitteln verabreicht*). Und damit mag es auch zusammenhängen, dass von Privaten öfter die Darreichung von Armenspenden in der Liebfrauenkirche letztwillig verfügt wurde. Ja zwei Gesellschaften haben sich in der zweiten Hälfte des fünfzehnten Jahrhunderts bei unserer Kirche gebildet, welche neben frommen Uebungen der Armenpflege sich widmeten: in einer der südlichen Seitencapellen, in welcher in Holz geschnitzt und bunt bemalt ein Bild der Mutter Maria mit vergoldeter Glorie sich befand, von Volke Maria in der Sonne genannt, that sich im Jahre 1483 zu solchen Zwecken eine Brüderschaft zusammen, die sich nach jenem Marienbild genannt zu haben scheint; schon etwas älter war die Brüderschaft aller Christen Seelen im Beinkeller zu Unser Lieben Frauen, die ihren Sitz in dem kleinen, unter einem Theile des nördlichen Seitenschiffs und des Mittelschiffs, wol erst in ziemlich später Zeit gewölbten Keller hatte, in welchem sich eine Anzahl von Grabstellen nebst einem Altare befanden. Die Brüder und Schwestern der Genossenschaft, denn auch weibliche Theilnehmer hatten beide, mögen wol aus einem mystischen Drange an dieser dunklen, dem Tode geweihten, Stätte besonders gern dem heiligen Messopfer beigewohnt haben, welches ein Priester dort regelmässig verrichtete, wie denn eine krankhafte Ueberspanntheit des religiösen Empfindens während des ganzen Mittelalters neben weltlicher Pracht der Kirche einherging. Wir haben gewis in jenen Brüderschaften Beispiele der zahlreichen Gesellschaften zu erkennen, welche sich angesichts der überhand nehmenden Verweltlichung der Kirche um so eifrigeren Bussübungen hingaben und in einer, wenn auch misverstandenen, Verinnerlichung des Gottesdienstes die Vorbereitung der Gemüther auf die Reformation förderten; aber dem praktischen Zuge mittelalterlicher Frömmigkeit folgend, vergaßen sie auch nicht ein Gottesalmosen zu stiften, von welchem arme Menschen an einigen Tagen der Woche mit Bier und Brod und anderer Speise erquickt wurden.

Jetzt hat auch der Beinkeller die Schauer des Todes verloren, welche hier einst zu

---

*) Vgl. z. St. Brem. Ub. II. No 42; auch nach der Niederwerfung der Revolution und des erzbischöflichen Gewaltstreichs von 1366 wurde eine ähnliche Spende gestiftet.

Frömmigkeit und Mildthätigkeit in besonderer Weise aufforderten: es ist eine gesundere Richtung des Gemüths, welche heute verwandte Bestrebungen im Menschen hervorruft. Ein besseres Verständniss der Bedingungen des Lebens hat auch längst die Sitte beseitigt die Todten in der Kirche und auf den Kirchhöfen inmitten des städtischen Verkehrs zu bestatten, aber mit den Gräbern sind leider auch die Denkmale fast völlig verschwunden, welche die Pietät der Ueberlebenden gesetzt hatte: nur wenige fast ganz zertretene Steinplatten erinnern in der Liebfrauenkirche noch an das Gräberfeld über welchem unsere Vorfahren ihren Gottesdienst feierten.

Glücklicher als alle anderen grossen Gotteshäuser unserer Stadt hat die Liebfrauenkirche, so viel wir wissen, in acht Jahrhunderten niemals gewaltsame Zerstörungen durch Feuersbrunst oder Zusammensturz einzelner Theile erlitten, aber doch hat die Thätigkeit einer so langen Zeit sie, ebenso wie ihren Nachbar den Dom, unvollendet der Gegenwart überliefert, und ihre Vollendung könnte heute schwerlich geschehen, ohne den ältesten Zeugen der Baukunst unserer Vorfahren, den südlichen Thurm, zu vernichten und einen neuen an seine Stelle zu setzen. Einstweilen aber wird die Liebfrauengemeinde die Pflicht empfinden jenes ehrwürdige Denkmal nach Möglichkeit zu erhalten und durch Entfernung auch der der Westfaçade in geschmackloser Zeit vorgebauten Häuser der ältesten Pfarrkirche unserer Stadt die Würde auch in ihrer äusseren Erscheinung zu geben, welche ihrem Innern glücklich bewahrt geblieben ist.

Die Kirche St. Stephani.

Ziemlich weit im Westen von der Grenze des alten Ortes Bremen erhob sich die Weserdüne nach einer geringen Einsenkung zu einem ansehnlichen Hügel, der in der flachen Umgebung schon früh das Volk eingeladen haben mochte, hier seinen Göttern eine Opferstätte zu bereiten; und noch lange nachdem die Bevölkerung äusserlich dem Christenthume gewonnen war, mochte sie hier in mondhellen Nächten ihre heimlichen Gebete zu den alten Göttern senden, die ihren Vätern Jahrhunderte lang Segen und Leid gebracht, Leben und Freiheit gegönnt hatten. Die Klugheit forderte auf, diese Stätte auch zu einem Cultusplatze der neuen Religion zu machen und damit den heidnischen Spuk zu bannen. Vielleicht in Erinnerung an eine blutige That, die eben hier einem christlichen Priester im Kampfe gegen den Wodansdienst das Leben gekostet haben mochte, weihte die Kirche jenen Hügel dem ersten Märtyrer, dem heil. Stephan, und Erzbischof Adalbert hegte die Absicht dort eine der Propsteien zu errichten, welche den Glanz seiner Metropole erhöhen sollten. Im Beginne des zwölften Jahrhunderts bauten die Bremischen Bürger dort ein Heiligthum mit einem jenem Märtyrer geweihten Altare. Man hat wol angenommen es sei dies das kleine, im Osten der jetzigen Stephanskirche liegende, Häuschen, welches nach dem über seiner Thür befindlichen Schmucke die Capelle zu den sieben Rosen genannt zu werden pflegt. Dasselbe ist in ihrer jetzigen Gestalt aber jedenfalls viel jüngern Ursprungs, ein Backsteinbau aus gothischer Zeit, seit langem zu Armenwohnungen umgewandelt. Wie dem auch sein möge, eine wichtige Bedeutung erhielt der Stephansberg, wie das Volk ihn zu nennen sich gewöhnt hatte, erst als im Jahre 1139 der Erzbischof Adalbero hieher das Capitel des heil. Willehad verlegte, das, ebenfalls von Adalbert bei der Willehadikirche gestiftet, dem Domcapitel räumlich so nahe keinen Wirkungskreis und kein Gedeihen hatte finden können. Auf dem Stephansberge wies ihm Adalbero einen geräumigen Platz für den Bau einer Kirche und der Capitelswohnungen an und bestimmte zugleich, dass die neue Kirche die Pfarrgerechtsame über eine fest umgränzte Umgebung und einige benachbarte Dorfschaften ausüben solle. Nur zum Synodalgerichte des Dompropstes sollten die Genossen der neuen Pfarre nach wie vor in die Liebfrauenkirche kommen. Der heil. Stephan und der heil. Willehad gaben der neuen Stiftung gemeinsam ihre Namen, so jedoch, dass der des ersten Bremischen Bischofs die erste Stelle einnahm; und so ist, trotz des Fortbestehens der Willehadicapelle am Abhange der Domdüne, auch für die Stiftung auf dem Stephansberge der Name Willehadikirche Jahrhunderte

lang in fast ausschliesslicher Uebung geblieben und erst spät und dann immer entschiedener durch den der Stephanskirche verdrängt worden.

Eine stattliche Ansiedlung war, wie die Stiftungsurkunde von 1139 uns zeigt, schon damals um jenen Hügel vorhanden, aber eine viel höhere Bedeutung musste dieselbe gewinnen, wenn sie in der Kirche einen Mittelpunkt erhielt, der ihr die Stellung einer selbständigen Gemeinde gab, wenn ihre Bewohner an bequemem Orte der Messe beiwohnen, ihre Kinder taufen lassen, ihre Todten bestatten konnten, wenn eine mit dem Stifte verbundene Schule für den Unterricht der Jugend sorgte, wenn für den Kranken die Tröstung des Priesters nahe war.*) Die Priesterschaft des Stifts und die Grundeigenthümer jener Gegend mussten ein gleiches Interesse an der Zunahme der dortigen Bevölkerung haben und so kann es nicht Wunder nehmen, dass die Bürger Bremens, wie die Urkunde sagt, ohne Zweifel wol vornehmlich die dort mit Grundeigenthum oder als Heuerlinge angesessenen, sich beeilten, dem Bau der Kirche ihre Arbeitskräfte oder ihre Geldmittel zur Verfügung zu stellen.

Die neue Kirche scheint dennoch nur langsam emporgewachsen zu sein und damit mag es wol zusammenhängen, dass erst vierzig Jahre später Papst Alexander III. einen Schutzbrief für das Capitel und die Kirche ausstellte. Muthmasslich war erst um diese Zeit so viel von dem Bau vollendet, dass er dem Gottesdienste übergeben werden konnte.

Die Stephanskirche hat, eben wie die Unser Lieben Frauen, eine grosse Umwandlung im Laufe der Zeit erfahren, aber deutlicher als bei jener liegt hier der ursprüngliche Plan zu Tage und mit grösserer Sicherheit können wir aus der steinernen Chronik ihrer Mauern die fehlenden Nachrichten der Geschichtschreiber und Urkunden ersetzen.

Als der älteste Theil des Baues erweist sich der geradlinig geschlossene Chor: seine Mauern sind aus Haustein aufgeführt, drei rundbogige Fensterblenden an dem unteren Theile seiner Rückwand weisen auf die älteren Formen des Romanismus; aber schon ehe der Chor zu Ende geführt war, war der Backsteinbau hier heimisch geworden, hatte der Spitzbogen die Rundbogenarchitektur zu verdrängen begonnen. Der spitze Giebel auf der Mauer der Ostwand des Chors ist von Ziegelsteinen erbaut, wie desgleichen die Mauern des ursprünglichen und des jetzigen Langhauses und die des Kreuzschiffs, mit Ausnahme des unteren Theils des südlichen Arms; das einzige quadratische Gewölbjoch des Chors ruht auf spitzbogigen Gurten und Kreuzrippen. Die letzteren bilden einen einfachen Rundstab aus Haustein und setzen in den Ecken auf schlanke runde Säulchen mit knollenförmigen romanischen Capitälen auf, eine dritte gleich geformte Rippe, welche in der Breitenachse des Chors läuft, so dass das Gewölbe in sechs Kappen zerlegt wird, stützt sich in der Höhe der Säulencapitäle auf zwei kelchförmige Consolen. Je zwei spitzbogige Mauerblenden an der Nord- und Südwand des Chors vervollständigen die durch die Querrippe bewirkte Halbirung des Gewölbjoches. Drei schmale Fenster mit flachem Spitzbogen, ohne alles Maasswerk geben dem Chore von der Ostseite her Licht, das jetzt durch neue wolgelungene Glasmalereien gedämpft wird. Dieser Chor, muthmasslich in den siebenziger Jahren des zwölften Jahrhunderts vollendet, war bestimmt der Abschluss eines Basilikenbaus mit hohem Mittel- und Kreuzschiff und zwei niedrigen Seitenschiffen zu werden, deren Westfaçade von zwei

*) Alles dies wird in der Stiftungsurkunde ausdrücklich erwähnt, s. Brem. Ub. I Nr. 32.

Thürmen flankirt werden sollte, also ein Bau der in seinen Grundformen dem des Doms, vielleicht auch dem der Veitskirche gleich. Aber wenn bei jenen beiden Kirchen der südliche Thurm nie zum vollen Ausbau gediehen ist, so blieb hier der nördliche völlig in seinen Anfängen stecken: äusserlich ist, wie auch unsere Abbildung zeigt, kaum eine Spur von ihm zu entdecken und in der That ist die Existenz des nur zur Ausführung gelangten untersten Geschosses heute nur Wenigen bekannt, da man dasselbe unter einen, den Mittelbau zwischen beiden Thürmen krönenden, Giebel mit versteckt hat. Dieses untere Geschoss und der vollendete südliche Thurm sind, gleich wie der Chor und der erwähnte Theil des südlichen Kreuzarms, in Haussteinen aufgeführt und die Rundbogen derselben zeigen, dass sie zu der ältesten Anlage gehören. Es scheint darnach der Plan der Kirche in den Dimensionen, in welchen er ausgeführt ist, gleich von vorne herein festgestanden zu haben und genau abgesteckt zu sein, nur hat sich die Ausführung des Langhauses und Kreuzschiffes verzögert. Der ausgebaute nördliche Thurm ist, wie auch ein Blick auf unsere Abbildung bekundet, heute bei weitem nicht mehr in seiner ursprünglichen Form erhalten: der Unterbau wird von zwei mächtigen Pfeilern gestützt, welche im Jahre 1646 aufgeführt wurden, um dem altersschwachen Thurme Halt zu geben, die spitze Pyramide, welche ihn einst krönte, ging im Jahre 1754 in einem Brande zu Grunde*) und wurde erst, nachdem der Thurm ein volles Jahrhundert ohne Krönung dagestanden hatte, im Jahre 1856 durch die jetzige Spitze ersetzt, deren schlanke gothische Formen nicht sonderlich zu dem massigen Unterbau passen. Der Mittelbau nun stellt heute eine dreischiffige Hallenkirche dar, deren zwölf über Spitzbogen gewölbte Joche auf zweimal drei Arkadenpfeilern und den entsprechenden Stützen an den Umfassungsmauern ruhen. Eine genaue Betrachtung der Kirche aber lehrt, dass ursprünglich zwischen je zwei Arkadenpfeilern und zwischen den westlichsten derselben und dem westlichen Abschluss des Langhauses noch je ein Pfeiler oder vielleicht eine Säule stand. Beweis dafür bilden die in jedem Gewölbejoche des Mittelschiffs auf beiden Seiten erhaltenen Spuren eines doppelten Spitzbogens, die auf die Scheide dieser beiden Bogen zulaufenden Querrippen und die bedeutende und roh ausgeführte Verstärkung der Arkadenpfeiler. Es ist durch diese die Basis der Pfeiler gänzlich verwischt, während das ursprüngliche Profil derselben, ein quadratischer Kern mit in die Ecken eingelassenen ziemlich starken Rundstäben noch erkennbar geblieben ist. Von jenen Ecksäulen laufen auch hier wulstförmige Kreuzrippen aus, doch sind dieselben von Ziegelformsteinen gebildet und stellen nicht einen einfachen Rundstab, wie im Chore, dar,

---

*) Der Brand, in der Nacht vom 6. zum 7. December, der auch das Kirchendach und die Orgel zerstörte und die Kirche arg beschädigte, gab zu zwei „poetischen" Klagen Anlass, von deren einer „Nachdenkliche Vorstellung derjenigen Feuers-Brunst, welche über unsere werthe Stadt Bremen kommen ist etc" wir eine kleine Probe geben:

Und endlich stürzet die Spitz vom Thurme gar herunter,
Die fiel aufs Kirchendach, steckt solches noch in Brand.
Verzehret solches gut, wie Schwefel, Pech und Zunder,
Da sah ein jeder wohl, dass das war Gottes Hand.

Als man den Thurme sah in voller Flammen stehen,
Da dachte jedermann, die ganze Kirch ging drauf.
Es schien als wollte gar Sanct Stephan untergehen,
Allein der grosse Gott dämpft diesen Feuerlauf   Sapienti sat.

sondern erst von einer breiteren Unterlage erhebt sich der Wulst. Die Stellung der Rippen ist genau die gleiche wie im Chor, und da ihre Form zeigt, dass sie an dem in gothischer Zeit erfolgten Umbau nicht Theil genommen haben, so ergibt sich als Schluss, dass die jetzigen Arkadenpfeiler von vorn herein zu Hauptträgern des Gewölbes bestimmt waren, während die weggebrochenen Pfeiler oder Säulen nur einen geringen Theil des Gewölbdrucks aufnahmen. Genau die gleichen Erscheinungen wie das Langhaus zeigen das nördliche und südliche Joch des Kreuzschiffes: auch hier dieselben deutlichen Spuren der ursprünglichen Zweitheiligkeit, welche durch die doppelten, in der Mitte auf einem Wandpfeiler ruhenden, Mauerblenden an der Ostseite der beiden Joche noch ausdrucksvoller geblieben sind. Die Vierung ist bei dem Umbau der Kirche unberührt gelassen, ihre Gewölbkuppel ist noch heute, wie ursprünglich, durch zwei Kreuzrippen in nur vier Kappen getheilt, während alle übrigen alten Gewölbjoche eine Sechstheilung aufweisen. Ueber den Arkadenpfeilern findet sich, jetzt von den in der Langrichtung der Kirche laufenden Dächern der drei Schiffe überdeckt, noch heute die ursprüngliche Aussenmauer des Mittelschiffs und im rechten Winkel zu dieser ein Theil des ursprünglichen Westabschlusses des Kreuzschiffes, aus Backsteinen aufgeführt und mit einem schlichten, aus Platte und Hohlkehle gebildeten, Haussteinfries gekrönt. Dass dieser nicht aufgesetzt ist, nur um die Dachsparren zu tragen, sondern um der ursprünglichen äusseren Umfassungsmauer der Kirche einen gefälligen Abschluss zu geben, versteht sich von selbst, und durch sein Vorhandensein ist zugleich bewiesen, dass die Seitenschiffe ursprünglich viel niedriger waren, als die jetzigen, wie sich andrerseits aus der Stellung der beiden Thürme ergibt, dass die Seitenschiffe, was denn freilich auch schon eine natürliche Folge ihrer geringen Höhe war, nur die halbe Breite der gegenwärtigen hatten. Diese alte Basilika wird um 1190, schwerlich viel später, vollendet gewesen sein.*)

Das Resultat unserer Betrachtung ist, dass die alte Stephanskirche, wie sie am Schlusse des zwölften Jahrhunderts aufgeführt worden war, ein stilvoll durchgebildetes und wol disponirtes Bauwerk darstellte. Länge, Breite und Höhe der Schiffe, des Kreuzes, des Chors standen in schönem Verhältniss zu einander, da war kein Glied des Baues, welches nur einer willkürlichen Laune seines Meisters den Ursprung verdankt hätte, da war alles nothwendig, alles zweckmässig; und wenn auch eine lange Zeit verflossen sein mochte von der Grundsteinlegung zu den Mauern des Chors bis endlich dem Gewölbe des Mittelschiffs die Schlusssteine eingefügt wurden, so war dennoch alles nach festem Plane geordnet, so erhob sich, von dem Augenblicke an, da man sich zur Verwendung des Spitzbogens entschlossen hatte, und dieser Augenblick trat ein als die nicht viel mehr als die äusseren Linien des Gebäudes abgesteckt waren, es erhob sich auf den einmal angenommenen Raumverhältnissen der Bau wie von einem Naturgesetze beherrscht. Und so einfach wie der Plan, so streng, aber doch gefällig, war die Durchbildung seiner einzelnen Glieder: entsprechend dem Material aus welchem man baute, waren auch der Phantasie bei Ausschmückung der Capitäle, der Gesimse, der Giebel, aller der Theile wo sie, unbeschadet der tektonischen Bedeutung der Glieder, frei sich ergehen kann, enge

---

*) Schon 1181 spricht Erzbischof Siegfried von fratribus in ecclesia s. Willehadi des militantibus (Brem. Ub I Nr. 57) und 1194 (ebend. Nr. 78) wurde der Vertrag zwischen Erzbischof Hartwig II. und dem Domcapitel bei des ersteren Rückkehr ins Erzstift abgeschlossen apud conventualem ecclesiam s. Willehadi.

Schranken gezogen. Auch die drei Giebel, des Chors und der beiden Arme des Querschiffs, welche die Kreuzesform der Kirche auch äusserlich stark markirten, sind durch einfache Linien, runde und spitzbogige Blenden, nur wenig, aber doch hinreichend, belebt (s. die Abbild. der Kreuzgiebel auf Taf. III). Allein durch das harmonische Verhältniss aller Linien des Baus zu einander wollte der Meister wirken und hat er ohne Zweifel gewirkt. Eine im Gedanken vorgenommene Reconstruction der Kirche, wie sie einst auf dem Stephansberge sich erhob, oder hätte erheben sollen, denn leider blieb ja der eine Thurm von Anbeginn eine Ruine, ergibt, dass der Spätromanismus selbst in diesem spröden Material, in der strengen Durchführung des Einzelnen die malerische Wirkung wol zu erzielen vermochte, welche ihm vor allen Baustilen eigen ist.

Wie wenig ist dies Element von den Späteren verstanden, wie unentwickelt ist der Formensinn der Baukeute gewesen, die muthmasslich gegen Ende des vierzehnten Jahrhunderts,*) auch hier, durch die stetig wachsende Zahl der Gläubigen genöthigt, eine Erweiterung der Kirche vornahmen, durch welche die beiden Seitenschiffe zu der Breite des Mittelschiffs aber nicht völlig zu dessen Höhe ausgebildet wurden. Dass sie die Zwischenpfeiler wegschlugen, gebot freilich die Nothwendigkeit, aber mit roher Hand vernichteten sie, wie schon erwähnt wurde, die gefälligen Profile der Pfeiler und setzten ungegliederte Massen an deren Stelle, in plumper Weise vermauerten sie die Quergurten, welche sich in der Langrichtung der Kirche über dem Doppelbogen der ehemaligen Fenster des Mittelschiffes von Pfeiler zu Pfeiler zogen, die Scheitel der Fenstereinfassungen als charakterlose Mauerblenden stehen lassend; und auch wo sie aus eigenem Plane neues schufen, wie in den zur Tragung der Quergurten und Gewöllrippen der Seitenschiffe bestimmten Halbpfeilern, welche sich an die Arkadenpfeiler und an die Umfassungsmauern lehnen, haben sie nur ein Denkmal rohen Formensinns hinterlassen. Es ist nicht zu vermuthen, dass der Erbauer dieser Schiffe anderes Stabwerk, als das vollendet hübscheliche, welches heute die Fenster der Kirche verunziert, oder dem ähnliches, in diese eingesetzt habe. Die beiden Seitenschiffe mussten, da man dem Dache wegen der etwas niedrigeren Gewölblage des neuen Baus nicht die hier sonst beliebte Querrichtung geben konnte, je ein Dach in der Längenrichtung der Kirche erhalten, und da ihre Seitenflucht erheblich über die des Thurmbaus hinausragte, an der Westseite mit je einem das Dach stützenden Giebel versehen werden; selbst diese Giebel hat man, mit völliger Missachtung des von dem alten Meister gegebenen Beispiels, in roher Einförmigkeit ohne jedes Blendwerk aufgeführt.

Dass man in der so verunstalteten Kirche bei einer umfassenden Restauration vor jetzt fünfzig Jahren der Geschmacklosigkeit sich schuldig machte, den Arkadenpfeilern und den Eckpfeilern von Vierung und Chor ein Gesims von aufrechtstehenden Palmblättern anzukleben, ist am Ende verzeihlich. Hoffentlich wird dasselbe bei der bevorstehenden neuen Reparatur wieder entfernt und durch ein dem Charakter des Baus besser entsprechendes ersetzt; nur erinnere man sich dabei auch des wahren Charakters der Kirche als eines in seinen Grundformen durchaus romanischen Baus und treibe nicht den Teufel durch Beelzebub aus, indem man die klägliche Gothik der Seitenschiffe zum ausgebenden Factor bei Renovirung des Hauptschiffs macht.

*) Das Motiv zu dieser Zeitbestimmung s. unten bei Besprechung des Umbaus der Anscharikirche.

Ob ein Geschlecht, welches die unschöne Umgestaltung der Kirche vornahm, Sinn dafür besass die auf den unberührt gebliebenen Mauerflächen des Chors und des Kreuzschiffs etwa vorhandenen malerischen Ausschmückungen zu schonen, oder gar an den breiten Flächen der neuen Umfassungsmauern neue Bilder zu schaffen, darf billig bezweifelt werden; immerhin könnte das letzte Jahrhundert des Katholicismus auch hier in dieser Richtung seine Lust an der Entfaltung berauschender Pracht zum Ausdruck gebracht haben. Erhalten ist auch der Stephanuskirche nichts davon. Drei kleine Epitaphien des 16. Jahrhunderts sind das einzige, was heute noch an ehemaligen Schmuck des Gotteshauses erinnert, und erst neuerdings hat man auch hier durch die bereits erwähnten Glasmalereien der Chorfenster und durch ein die Grablegung darstellendes Marmorrelief Steinhäusers, welches den Altar würdig schmückt, der bildenden Kunst den Einzug wiederum gestattet.

Einst hat dieselbe auch hier, wir wissen freilich nicht in wie feinen oder groben Formen, ihre Blüthe in reichem Masse entfaltet: von den zwanzig und mehr Altären sind uns nur die Namen der Heiligen übrig geblieben, denen hier einst gläubige Herzen ihre Verehrung und reiche irdische Schätze darbrachten, denen eine zahlreiche Priesterschaft in reich geschmückten Gewändern aus kunstvollen Gefässen Weihrauch spendete und Messopfer weihte. Eine vornehme Stellung haben die Herren des Willehadicapitels bis zur Reformation hin neben den Domherren eingenommen; unter seinen Präposten, die regelmässig zugleich Mitglieder des Domcapitels waren, finden wir Edelherren von Diepholz und Grafen von Hoya, aber auch Bremische Bürgersöhne aus angesehenen Familien; sie gehörten zu den ersten Würdenträgern des Bremischen Erzstifts und erscheinen in Urkunden unmittelbar hinter dem Dompropst. Nur von dem geistlichen Gerichte des Dompropstes waren die Collegiatstifter von St. Stephani und St. Ansgarii abhängig, aber völlig selbstständig erwählten sie ihre Mitglieder, verwalteten ihre Güter, trafen sie die Anordnungen für ihren Gottesdienst.

Ohne Zweifel ist der Chordienst, für welchen schon früh eine feste Ordnung eingeführt wurde,[*] hier mit viel weniger Pomp begangen als in der Kathedrale. An festlichen Tagen versammelten sich, unter dem Schall der Glocken, alle Vicare der Kirche, d. h. die Priester der Altäre, und die Chorknaben vor dem Chore, und zogen, die Schüler, welche das Kreuz trugen voraus, ihnen folgend der Lehrer, dann zwei Vicare, welche die Rauchfässer schwangen und zwei bei zwei die übrigen Vicare in feierlicher Prozession hinauf zum Chore, wo die Capitelsherren auf schön geschnitzten Stühlen Platz genommen hatten: und hier begann nun in feierlichem Tone der Gesang der Horen, wurde die heilige Messe celebrirt, während das andächtige Volk, durch den Lettner vom Chore getrennt[**]), nur von ferne den Vorgängen im heiligsten Raume der Kirche folgen konnte.

Die Reformation hat die Schranken durchbrochen, durch welche die Willkür des Priesterregiments das Volk vom unmittelbaren Verkehre mit Gott zu scheiden wusste, und mit den

---

[*] S. Brem. Ub. I No. 161. eine Urkunde, welche ich der in ihr genannten mehreren Altäre wegen in das Ende des 13. Jahrh. setzen möchte.

[**] Die eben cit. Urk. kennt ostia occidentalia chori vel inferiora, eine solche westliche Thür kann offenbar nur in einem den Chor vom Langhause scheidenden Lettner gedacht werden.

geistigen Schranken sind auch die äusseren gefallen, welche das Allerheiligste, den hohen Chor, von der Kirche trennten. Keine Spur des Lettners, den wir uns gewiss als mit Bild- und Schnitzwerk reich verziert denken dürfen, ist erhalten geblieben, keine Spur von den Altären, die mit ihren Monstranzen und Kelchen, als dem falschen Dienste geweiht, zugleich mit den Heiligen weichen mussten, wie acht Jahrhunderte zuvor die heiligen Eichen und Opferstätten mit den Göttern zerschlagen worden waren. Unter jenen Altären hatte nächst dem Hochaltar die vornehmste Stelle der des heiligen Magnus und Nicolaus eingenommen, welcher sich — auch darin glich die Stephanskirche dem Dom — in einem zweiten westlichen Chore, also in dem Mittelbau zwischen den Thürmen aufgestellt fand. *)

Wir besitzen noch ein Verzeichniss des werthvollen Kirchenschmuckes, welcher zwanzig Jahre nach Einführung der Reformation, im Jahre 1546 auf Befehl des Raths von den Bauherren der Stephanskirche den Herren der Münze zum Einschmelzen übergeben wurde. Mit Bedauern über die Vernichtung lesen wir von den silbernen und vergoldeten Monstranzen, Sacraments-häuschen, Schüsseln und Flaschen, von dem silbernen Marienbilde mit dem Kinde, darvon die Krone und das Haar vergoldet, von dem mit Silber beschlagenen Kreuze, darauf auch das Bild (der Gekreuzigte) von Silber und die vier Evangelisten vergoldet waren, von einem silbernen Bilde des h. Willehad, von einem gleichen der heiligen Margarethe; auch ein silbernes Weihrauch-fass mit der Kette, ein silberner Span mit drei vergoldeten Bildern, drei vergoldete Kelche nebst Schalen **) sind jenem beklagenswerthen Acte zum Opfer gefallen, der die Bildwerke deutschen Kunstfleisses dem gerechten Hass gegen die papistische Lehre entgelten liess.

Aber freilich es war damals eine Zeit schwerer Gefahren für unsere Stadt: wenige Wochen später standen die kaiserlichen Kriegsvölker vor ihren Wällen, „unzählige Reiterhaufen und Landsknechte, grimmig wie ein Löwe", die sich rühmten, der Kaiser habe ihnen Bremen geschenkt mit allem was darin sei. Aber tapferen Muthes, gestählt durch das Bewusstsein, dass sie der letzte Hort des Protestantismus in Norddeutschland sei, ertrug die Bremische Bürgerschaft zwei Belagerungen und nahm dann mit den Grafen von Mansfeld und Christof von Oldenburg ehrenvollen Antheil an der Schlacht bei Drakenborch, durch welche am 23. Mai 1547 das kaiserliche Heer vernichtet wurde. Frohere Tage als das Pfingstfest dieses Jahres hat Bremen selten erlebt. Das war kein gewöhnlicher Sieg, dessen reiche Trophäen, mit Maien geschmückt, auf dem Domhof aufgefahren waren, er war das Resultat einer von innerster Glaubensüberzeugung belebten Tapferkeit, und in die Siegesfreude mischte sich das stolze Bewusstsein, das Beste glücklich daran gewagt zu haben, um dem Vaterlande die edelste Blüthe der Reformation, die geistige Unabhängigkeit, retten zu helfen. Wer wollte es wagen ein Geschlecht von solcher Lebensenergie, von solchem Sinne beseelt zu tadeln, dass es die Werkzeuge der Mächte zerstörte, gegen die es die höchsten Güter seines Geistes in blutigem Ringen vertheidigen musste!

---

*) Im Jahre 1305 wird genannt altare s. Magni et b. Nicolai, quod in choro occidentali ejusdem ecclesie est con-structum, Brem. Ub. II No. 29. und in einer Aufzeichnung aus dem Jahre 1306 (Brem. Ub. I No. 555) wird jener Magnusaltar als in turri befindlich bezeichnet.

**) Wir besitzen auch schon aus dem J. 1306 (Brem. Ub. I No. 555) ein Verzeichniss der Altargeräthe und des priester-lichen Kleiderschmuckes, welchen damals die Kirche besass.

23

Viel beklagenswerther ist, was der Puritanismus einer späteren Epoche ohne Noth vernichtet hat, was der stillen Zerstörung der Zeit anheimgefallen ist. Zu dem letzteren gehören auch in der Stephanskirche die Grabdenkmale, von deren Epitaphien, wie erwähnt, in der Kirche sich noch drei aus nachreformatorischer Zeit befinden. Auch auf dem Kirchhofe sind zahlreiche Grabstätten ehemals vorhanden gewesen, von deren Inschriften uns zwei noch heute in ihrer originalen Gestalt, die dritte wenigstens im Worthaute, erhalten sind. Die beiden ersten aus dem Jahre 1560 hat man, um sie zu schonen, vom Erdboden aufgehoben und in die Aussenmauer der Kirche eingelassen. Sie sind charakteristisch genug, um hier wiedergegeben zu werden:

> In dem frede byn ick hengegaen,
> Wente myne ogen gesein haen
> Syne heylant, here, van dy bereit
> Tom leevste der gantzen Christenheit.
> Under des rowe ick in düssem grave,
> Wente dat my de here wedder erhave. (1560.)

In der zweiten noch erhaltenen hat der Gedanke der Gleichheit Aller nach dem Tode einen überaus kräftigen Ausdruck gefunden:

> Hir schütt yderman lyck unde recht,
> Hir licht here frouwe maget unde knecht,
> Gelerde unde kinder liggen ock hirby,
> Dancket dy dat underschet der personen sy,
> So kum unde schowe se alle wol an
> Unde segge, welker is de beste darvan. (1560.)

Die dritte endlich giesst in derber Weise den Spott der Todten über die Lebenden aus in den kurzen Worten:

> Wat ick was, dat bistu,
> Wat ick bin, dat warstu,
> Hodie mihi, cras tibi (Heute mir, morgen dir).

Die nachreformatorische Zeit hat auch zwei Capellenanbauten, welche sich an beiden Seiten des Chors unserer Kirche befinden, ihrem gottesdienstlichem Zwecke entzogen und zu Wohnungen umgewandelt, wodurch die Gewölbe zum Theil durchbrochen, die Pfeiler zerstört sind. Sie stammen beide aus gothischer Zeit: die an der Nordseite ist merkwürdig durch zwei übereinander sich erhebende Gewölbe, welche beide von einem Mittelpfeiler und den nöthigen Wandstützen getragen vier kleine Gewölbjoche bilden. Muthmaasslich war diese die Capelle der Jungfrau Maria und der Märtyrer Christofer, Erasmus und der Petronella, welche im Jahre 1513 erwähnt wird, während der kleinere Anbau an der Südseite des Chors dem Capitel als Gewand- und Geräthekammer gedient haben mag.

Die Stephanikirche nimmt unter unseren Pfarrkirchen nach der Zeit ihrer Gründung die zweite Stelle ein, im bürgerlichen Leben der Stadt aber hat sie immer den vierten Platz inne gehabt, weil erst im Jahre 1308, als längst die bürgerliche Gemeinde der alten Stadt unter die Liebfrauen-, Martini- und Anschariikirche getheilt war, die Bewohner der Stephanstadt mit dem vollen Bürgerrechte beschenkt wurden, und erst damals durch Niederreissung der alten Stadtmauer, welche jenen Stadttheil von dem alten Bremen getrennt hatte, auch äusserlich die südliche Gemeinde die Umgrenzung fand, in welcher ihr frisches Leben einige Jahrhunderte lang pulsirt hat.

Es verdient bemerkt zu werden, dass die Stephanigemeinde in einer jüngst von ihr in der westlichen Vorstadt errichteten Filiale den Namen der Willehadikirche wieder erneuert hat, den Jahrhunderte lang die Mutterkirche selbst führte. So knüpft die jüngste kirchliche Schöpfung Bremens an den Namen unseres ersten Bischofs an, des kühnen Angelsachsen, der mit Gefahr seines Lebens diesen Gegenden zuerst das Christenthum verkündete und den Grund zu dem ältesten Kirchenbau unserer Stadt legte.

Die Kirche St. Anscharii.

Wie Willehad, der erste Bischof der Bremischen Kirche, so hat auch sein grosser Nachfolger Anschar, der Apostel des Nordens, der durch die Vereinigung von Hamburg und Bremen unserem Stifte die erzbischöfliche Würde brachte, hier bei der Nachwelt in hohen Ehren gestanden. Im Grossen wie im Kleinen bewährt, hat Anschar mit der gleichen Energie der gewaltigen Aufgabe der Christianisirung des Nordens und der Sorge für das Gedeihen seiner Bremischen Metropole sich gewidmet. Wenn ein dänischer König von ihm rühmte, er habe an keinem Menschen so grosse Güte und Treue gefunden, wie viel mehr musste das seine nächste Umgebung, das Volk thun, welches seiner wolwollenden Fürsorge die geordnete Pflege der Armuth, der Schwachen und Kranken verdankte. „An vielen Orten, so berichtet uns Adam, richtete er Gasthäuser ein, das vorzüglichste aber in Bremen; und er schämte sich nicht hier täglich selbst den Kranken Dienste zu leisten." Ohne Zweifel musste dieses praktische Vorgehen für das Wol der ihm anvertrauten Heerde mehr als alle Kirchengesetze und Strafen die Herzen der neuen Religion gewinnen, und es hat nicht weniger, als der Ruhmesglanz den sich Anschar durch seine Missionsthätigkeit errang, dazu beigetragen seinen Namen bei der Bevölkerung unserer Stadt Jahrhunderte lang in dankbarem Andenken zu erhalten. Die Wunder, welche das gläubige Volk gleich nach seinem Hintritt im Jahre 865 an seinem Grabe gewahrte, waren längst vergessen, als man sich hier seiner Armenpflege noch mit Dank erinnerte, obwol jenes Hospital in den Wirren des elften Jahrhunderts, unter den glanzvollen Unternehmungen Adalberts, zu Grunde gegangen war. Es ist am Ende gleichgiltig, ob Anschar wirklich auch der Stifter einer Anstalt für zwölf arme Geistliche gewesen ist, deren Ursprung man ihm im zwölften Jahrhundert zuschrieb; dass man dies that, beweist, was man an dem Manne besonders schätzte, und es wurde zugleich die Ursache dafür, dass Erzbischof Hartwig II. im Jahre 1185 ein auf der Grundlage jener Anstalt von ihm geschaffenes Stift für zwölf Canoniker dem heiligen Anschar widmete, dass die neue Kirche dieses Stifts seinen Namen erhielt und bis heute in Ehren bewahrt hat.

Es hat aber dem Anscharikapitel viel saure Tage gekostet, bis es in den Besitz einer Kirche kam. Wol gelang es ihm bald vom Papste Clemens III. einen Schutzbrief zu erwirken, welcher von der Fiktion auszugehen scheint, als sei die Kirche schon vorhanden, aber die Zeit seiner Ausstellung, 1188, fiel zusammen mit dem Beginne stürmischer Tage des Erzstifts. Die Welt hallte vom Lärm der Waffen wieder, die in der grossen Fehde zwischen Staufern und

4

Welfen von der Ost- und Nordsee bis zu den Alpen und jenseits der Alpen gegen einander geschwungen wurden. Erzbischof Hartwig, ein Mann der inmitten der grossen Kämpfe ohne Festigkeit ohne politischen Willen dastand, nur von niedriger Habsucht beherrscht, eine Creatur Heinrichs des Löwen, dessen Caplan er einst gewesen war, dann in den Tagen des Niederganges der Macht des grossen Herzogs ihm den Rücken kehrend und nach der Rückkehr des Welfen aus der Verbannung im Jahre 1189 doch durch die von ihm selbst geschaffene Lage wieder zum Anschluss an den Herzog gezwungen, ein solcher Mann musste in den bewegten Tagen dem Stifte und der Stadt zum Verderben werden. Zwischen ihm und der Bremischen Bürgerschaft, deren kaiserliche Gesinnung Friedrich Barbarossa schon 1186 durch Verleihung wichtiger Privilegien belohnt hatte, der ersten, welche unsere Stadt von einem Kaiser erhielt, musste schnell bittre Feindschaft erwachsen. Vor dem Zorn der Bürger flüchtete der Erzbischof 1190 aus Stadt und Diöcese nach England, Bann und Interdict als Abschiedsgabe hinter sich zurücklassend. Die Wahl Waldemars von Schleswig zum Gegenbischof, heftige Kämpfe welche der Rückkehr Hartwigs nach einjährigem Exil folgten, steigerten die Verwirrung; Brand und Raub und Blutvergiessen verwüsteten das Erzstift. Und als endlich im Jahre 1194 der Erzbischof, unter erniedrigendsten Bedingungen, seine Rückkehr auf den erzbischöflichen Stuhl erkauft hatte, war doch eine innere Aussöhnung nicht erfolgt, und das Mistrauen gegen den wankelmüthigen Mann, der die Schuld an der furchtbaren Verwirrung, an den vielen Kriegen und Stürmen trug, wie der von Hartwig selbst mit untersiegelte Vertrag von 1194 unumwunden ausspricht, blieb bestehen.

Das war nicht die Zeit, um grosse Kirchen zu bauen, um die Pläne durchzuführen, mit denen das im ersten Jahre von Hartwigs Episcopat gegründete Anschariicapitel sich trug.

Der reichere Ertrag, welchen die Güter des heiligen Anschar, wie man sie kurzweg nannte, durch eine intensivere Cultur lieferten, war freilich das Motiv zu der Gründung gewesen, welche Hartwigs Namen verherrlichen sollte, aber die Einkünfte der vier weit zerstreut liegenden Höfe und des Platzes inmitten der Stadt, auf welchem demnächst die Kirche erbaut werden sollte, boten doch kaum hinreichenden Lebensunterhalt für die Herren des Capitels; ein paar Schenkungen die in den nächsten Jahren, noch vor der päpstlichen Bestätigung, hinzukamen, halfen auch nicht viel. Länger als ein halbes Jahrhundert hat das Anschariicapitel mit den dürftigsten Verhältnissen kämpfen müssen: die zahlreichen Zänkereien der Capitelsherren unter einander und mit ihrem Propste über die Austheilung der Präbenden sind ein beredtes Zeugniss dafür und machen die Mistimmung begreiflich, welche sich in der Bevölkerung und später beim Erzbischof Gerhard II gegen das Capitel bildete. In vierzig Jahren hat dasselbe, so viel wir wissen, nicht eine einzige Schenkung erhalten, während ältere und selbst jüngere kirchliche Stiftungen reichlich bedacht wurden. Wollte das Capitel hierin eine Wandlung schaffen und in den Besitz einer Kirche kommen, die allein seinen Bestand zu sichern vermochte, so musste es sein Bestreben auf die Erlangung von Pfarrgerechtsamen richten. Dem Willehadicapitel waren solche gleich bei seiner Gründung durch Erzbischof Adalbero verliehen worden und dieser Umstand hatte ihm alsbald die Theilnahme der Bürger verschafft, welche in der Unterstützung des Kirchenbaus auf dem Stephansberge ihre eigenen Interessen förderten. Konnten nicht die Herren des Anschariicapitels im analogen Falle das gleiche erwarten? Die Sachlage war nur leider für sie eine ungleich ungünstigere. Unbedenklich hatte Adalbero der ausserhalb der alten Stadt gelegenen Stephanskirebe Parorhialrechte ertheilen können, welche die noch keineswegs fest begrenzten Rechte der älteren Pfarrkirche nicht wesentlich schädigten; der für die Anschariikirche bestimmte Platz aber lag inmitten der Parochie von Unser Lieben Frauen; nur auf Kosten der wolerworbenen Rechte dieser Kirche konnte jene in den Besitz eines Pfarrants gelangen. Dies auf gesetzlichem Wege zu erreichen, war unter dem mit der Bürgerschaft so tief verfeindeten Hartwig nicht wol möglich, noch weniger aber unter dem nach Hartwigs Tode eintretenden zehnjährigen Schisma, welches auf's neue Stadt und Erzstift in die leidenschaftlichen Kämpfe hineinzog, welche Papst und Kaiser, die welfische und die staufische Partei um die Krone des Reiches führten.

Aber sollte das Anschariicapitel nicht versuchen, durch allmähliche Usurpation in den Besitz von Pfarrgerechtsamen zu gelangen, um dann später aus dem faktischen Zustande einen legalen zu schaffen? Es hat es an Versuchen dazu nicht fehlen lassen. Freilich die Willehadicapelle, welche ihm anfänglich für seine gottesdienstlichen Uebungen zugewiesen war, erschien dafür nicht geeignet. So nahe vor den Augen des Pfarrherrn von Unser Lieben Frauen liessen sich Taufen und Begräbnisfeiern nicht heimlich begehen. Nun aber erbaute in den neunziger Jahren des 12. Jahrhunderts ein Bürger, Gerhard von der Kemenade, nahe dem Platze der künftigen Anschariikirche ein Gotteshaus zu Ehren des heiligen Jacobus; von dem Augenblicke an richteten sich die Anstrengungen des Capitels auf den Besitz dieser Kirche, und wirklich gelang es ihm nach anfänglichem Fehlschlag im Jahre 1221 dieselbe gegen die Willehadicapelle vom Dompropst einzutauschen. Aber leider hatte man die Absicht des Capitels nur zu wol durchschaut und die ausdrückliche Bedingung des Vertrages, dass das Capitel in der Jacobikirche keinerlei Handlung vornehmen dürfe, welche den Rechten der Pfarrkirche präjudicire, vernichtete die lange genährten Hoffnungen. Man musste sich also endlich doch entschliessen den geraden Weg einzuschlagen, eine gesetzliche Trennung des einzigen Kirchspiels der Stadt herbeizuführen.

Offenbar sprachen gute Gründe für eine solche Massregel. Die Stadt, diese immer nur in dem älteren Sinne ohne die Stephansstadt genommen, war seit Begründung der ersten Pfarrkirche ganz ausserordentlich gewachsen: die unruhigen Zeiten hatten ohne Zweifel eine Menge Volks vom flachen Lande hinter den sicheren Schutz ihrer Mauern getrieben, der um so willkommener war, als er seit dem Privileg Friedrichs I. nach einem ungestörten Aufenthalte von Jahr und Tag auch die Freiheit verhiess, die ruhigeren Tage lockten wieder durch den Aufschwung, welchen Handel und Schiffahrt nahmen und mit ihnen das Handwerk und Kleingewerbe. Auch die Dorfschaften, welche an Stelle der heutigen Vorstädte im Halbkreis um die Stadt sich lagerten, mussten mit der steigenden Cultur des Landes an Bevölkerung wachsen. Und für dieses ganze Gebiet mit seiner stetig zunehmenden Einwohnerschaar sollte der einzige Pfarrer der Liebfrauenkirche mit zwei Hilfspriestern die mannigfaltigen kirchlichen Bedürfnisse befriedigen. Der Erfolg bewies, dass das Anschariicapitel recht hatte, wenn es auf eine Theilung drang; aber es konnte lange bei Erzbischof Gerhard II. seine Wünsche nicht durchsetzen.

Dieser, der seit 1219 den erzbischöflichen Stuhl inne hatte, war von anderem Schlage als Hartwig II. Aus dem edlen Geschlecht von der Lippe entsprossen, einen energischen Willen mit politischer Klugheit paarend, richtete er seine ganze Sorge darauf, die erzbischöfliche Autorität und die Quelle derselben, die materielle Machtstellung des Erzbisthums, wieder herzustellen, und er hat mit ausserordentlichem Erfolge in dieser Richtung gewirkt. Aber gleich die ersten Schritte seiner Regierung, die Errichtung eines festen Schlosses und einer Zollstätte an der Weser, verfeindeten ihn mit der Stadt Bremen, die mit Waffengewalt die Freiheit ihres Stroms gegen ihn vertheidigen musste; dann verwickelten ihn die Streitigkeiten zwischen dem Hamburger und Bremer Domcapitel, die Sorgen um die Grafschaft Stade und um Ditmarschen in die grossen Kämpfe zwischen Deutschen und Dänen, welche erst 1227 in der Niederwerfung Waldemars II. bei Bornhövd, an welcher Gerhard persönlich rühmlichen Antheil nahm, ein vorläufiges Ende erreichten. Und kaum hatte er im Osten und Norden seine Territorialherrschaft gesichert, so nahmen im Westen die Stedinger seine ganze Aufmerksamkeit in Anspruch. Wie hätte er Zeit haben sollen um die Sorgen des Ansgariicapitels sich zu kümmern! Gewiss war es gewagt, gegen den Willen dieses Mannes seine Pläne durchzuführen, hinter seinem Rücken direct mit Rom zu verhandeln, aber die Noth eines unhaltbaren Zustandes trieb das Ansgariicapitel endlich dazu und die Zeitumstände kamen diesmal seinen Wünschen zu statten.

Unter dem 31. Juli 1227, wenige Tage nach der Schlacht bei Bornhövd, erging eine Bulle Gregors IX. an den Erzbischof Gerhard, des Inhalts, dass die Gemeinde der Bremischen Bürger ihn ersucht habe zur Abhilfe der vielen Uebelstände, welche das Vorhandensein nur einer Pfarrkirche herbeiführe, die Stadt in drei Pfarrsprengel zu zerlegen. Unter den Uebelständen war von den Bürgern besonders hervorgehoben, dass jetzt die Kranken oft der Tröstung, die Sterbenden der letzten Absolution entbehren müssten und so zum öffentlichen Aergerniss viele ohne Busse dahingingen. Der Papst beauftragte den Erzbischof nur mit einer Untersuchung der Angelegenheit, ohne ihm weitere Vorschriften über deren Behandlung zu machen. Aber konnte sich Gerhard wol dem Ansinnen widersetzen? Dass das Ansgariicapitel, welches allein von der Durchführung des Planes einen bedeutenden Gewinn sich versprechen durfte, der Urheber desselben sei, darüber konnte er sich nicht täuschen. Und dieses Capitel brauchte er nicht zu fürchten. Nun aber hatte dasselbe geschickt verstanden, einen Theil der Bürgerschaft für sich zu gewinnen und es gar dahin gebracht, dass die Bitte der Bürger durch den Mund des Papstes vorgetragen wurde; es hatte überdies durch den Vorschlag einer Dreitheilung des Liebfrauenkirchspiels, sei es aus eigener Initiative oder auf Wunsch der städtischen Gemeinde, seine Absicht ein wenig verdeckt. Konnte Gerhard, der zwar soeben als Sieger heimgekehrt war, aber den Bestand seines Territoriums noch keineswegs völlig gesichert sah, der die Kraft der Bürgerschaft seiner Hauptstadt schon einmal kennen gelernt hatte, es darauf ankommen lassen, diese und den Papst zugleich zu erzürnen? Er zauderte dennoch ziemlich lange. Und erst als die Gewissheit einer kriegerischen Verwickelung mit den Stedingern näher rückte, für deren glückliche Beendigung er des guten Willens der Bremer bedurfte, entschloss er sich die Theilung vorzunehmen, betraute im Jahre 1228 eine Commission mit der Feststellung der neuen Parochialgrenzen, und genehmigte sodann deren Vorschläge durch ein Decret aus dem Anfange des Jahres 1229. Seinen Aerger über den Verlauf der Angelegenheit ganz zu verhüllen aber vermochte er nicht, derselbe spricht vernehmlich aus den Eingangsworten des Decrets, in denen es heisst: er habe die Theilung vorgenommen, auch durch einen hierauf bezüglichen Spezialbefehl des apostolischen Stuhls dazu angehalten, wiewol er sie auch durch ein Diöcesangesetz hätte ausführen können, indes sei er, so fügte er besänftigend hinzu, durch die dringenden Bitten der Gläubigen, welche keine Gefahr für ihre Seelen mehr laufen wollten, und durch die eifrige Zustimmung des Clerus gewonnen worden. Demnach bestimmte das Decret die Theilung der Stadt in die Parochieen von Unser Lieben Frauen, St. Martini und St. Ansgarii unter genauer Beschreibung der Grenzen zwischen ihnen, und schuf damit einen Zustand, welcher Jahrhunderte lang für alle kirchlichen und bürgerlichen Angelegenheiten der Stadt Bremen massgebend gewesen ist, und der in Bezug auf die Bremische Altstadt noch heute im wesentlichen seine Giltigkeit in kirchlicher Beziehung bewahrt hat.

Ohne Zweifel hatte das Ansgariicapitel dieser endlichen günstigen Entscheidung in den letzten Jahren, so viel wie seine Mittel nur immer gestatteten, durch Förderung des Kirchenbaus entgegen gearbeitet. Seit einmal die Mitwirkung der Bürger oder wenigstens eines Theiles derselben für den Plan gewonnen war, lag es auch im Interesse dieser durch den Hinweis auf die im Entstehen begriffene Ansgariikirche ihre Bitte um Verleihung des Parochialrechts an dieselbe unterstützen zu können. Und es scheint denn in der That im Jahre 1229 wenigstens der Chor der Kirche aufgeführt gewesen zu sein *), wenn er auch noch der Einwölbung entbehrte. Das letztere ergibt sich aus einer Notiz zum Jahre 1244, durch welche wir erfahren, dass das eben hergestellte Chorgewölbe eingestürzt sei und den Baumeister Adolf und vier seiner Gesellen erschlagen habe **). Zum ersten Male in der Bremischen Baugeschichte wird uns hier der Name eines Meisters genannt, leider aber erfahren wir nichts von ihm als sein tragisches Ende. Ob er auch den Bau des Langhauses schon begonnen oder gar zu Ende geführt hat, bleibt völlig dunkel. Wenn im Jahre 1237 das Ansgariicapitel von einem seiner Kirche benachbarten Hause redet ***), so sind wir geneigt die Kirche als bestehend zu betrachten, und noch mehr wird diese Vorstellung erweckt, wenn im Jahre 1242 †) von einem Altare in der Südseite der Kirche die Rede ist, den der Convent zu Ehren Johannis des Täufers geweiht zu sehen wünscht, und dennoch erfahren wir im Jahre 1256, dass der Kirchenbau noch damals nicht vollendet war ††).

Man sieht, so reichhaltig wie die Nachrichten über die Anfänge des Capitels sind, so dürftig erweisen sich die über den Bau der Kirche, von der wir in der That nicht mehr sagen können, als dass sie in der ersten Hälfte des dreizehnten Jahrhunderts entstanden sei. Die Annahme von ihrer Vollendung im Jahre 1243, welche in diesem Jahrhundert sogar zu einer Jubiläumsfeier den Anlass gab, beruht lediglich auf einer willkürlichen Auslegung einer Notiz Johann Renner's; wir müssen uns bescheiden weder Anfang noch Vollendung des Kirchenbaus feststellen zu können. Und so wenig wie die ursprüngliche Bauzeit, so wenig kennen wir auch bei der Ansgariikirche die Zeit, in welcher sie eine gleiche Umwandlung erfuhr wie St. Stephan.

---

*) Sicher lässt sich das nicht sagen, wie Dr. Müller im Organ f. christl. Kunst 1854 S. 29 meint, denn die Worte der Urkunde von 1229 (Brem. Ub. I No. 151) assignamus vi stallum et septimam in choro b. Ansgarii brauchen eben so wenig das Vorhandensein eines Chorgebäudes anzudeuten, wie mit Sicherheit der schon oft zuvor urkundlich gebrauchte Ausdruck ecclesia b. Ansgarii nicht auf ein Kirchengebäude zu beziehen ist. Andrerseits sei hier bemerkt, dass aus der Tauschurkunde über die Jacobikirche von 1221 nicht „mit Nothwendigkeit" folgt, dass damals die Ansgariikirche noch nicht ruinirte, denn die Worte jener Urkunde „cum non habeeus basilicam in qua reclinatum possent facere competenter" beziehen sich auf die Zeit des Dompropstes Friedrich, da das Ansgariicapitel den ersten vergeblichen Versuch gemacht hatte, in den Besitz der Jacobikirche zu kommen.

**) S. Brem. Ub. I No. 244 Anm.

***) Brem. Ub. I No. 202.

†) Ibid. No. 219.

††) Ibid. No. 274.

Die ursprüngliche Anlage war auch bei der Ansgariikirche ein Basilikenbau in spätromanischem Stile *), doch ist der Chor, in welchem wir auch hier den ältesten Theil der Kirche erkennen, in grösserem Massstabe angelegt als bei Stephani, das Langhaus dagegen um ein Gewölbjoch kürzer, und für die Westfaçade, die wahrscheinlich zuletzt erbaut wurde, hat man sich hier von vornherein mit der Anlage nur eines Thurms begnügt, der muthmasslich erst aufgeführt wurde, als die Kirche den ursprünglichen Charakter einer Basilika bereits verloren hatte. Der Thurm ist mit Haustein verblendet, sein innerer Bau aber wie die ganze übrige Kirche in Backsteinen aufgeführt.

Der Chor, welcher durch zwei Gewölbjoche gebildet wird, zeigt ebenso wie die Ostseite des Kreuzes rundbogige Mauerblenden, welche auf ein in halber Höhe der Mauer hinlaufendes Gesims aufsetzen; sonst ist auch hier für Gurten, Rippen und Fenster der Spitzbogen allein massgebend gewesen. Die völlige Uebereinstimmung der Gewölbrippen, welche in Chor, Vierung und Langhaus gleichmässig durch einen einfachen Rundstab gebildet werden, lässt die gleiche Bauzeit für diese Theile der Kirche vermuthen. Auch die Profile der Arkadenpfeiler im Langhause und der Eckpfeiler unter dem Triumphbogen zeigen die gleiche Bildung; ebenso wie in der Stephanikirche sind in einen quadratischen Kern runde Ecksäulen eingelassen, aber auch ebenso wie dort haben hier bei dem späteren Umbau die Pfeiler eine rohe gestaltlose Verstärkung erhalten. Die kleinen Zwischenpfeiler, deren Stellung noch durch Querrippen der Gewölbkappen angedeutet wird, wurden damals auch hier entfernt und dem Langhause nur zwei Paar verstärkte Arkadenpfeiler gelassen, anstatt der vier, welche ehedem das Gewölbe getragen hatten. **) Von den doppelten Spitzbogen in den ehemaligen nördlichen und südlichen Abschlüssen des Mittelschiffs, deren Reste in St. Stephani sämmtlich erhalten geblieben sind, finden sich hier nur in einem Gewölbjoche des Mittelschiffs die Spuren; ein anderes Paar hat sich noch erhalten an dem Gurt zwischen dem südlichen Gewölbjoche des ehemaligen Kreuzschiffs und dem daran stossenden des jetzigen Seitenschiffs, nach diesem zugewandt. Die Vierung ist auch hier nur mit zwei Kreuzrippen überspannt, während das südliche und nördliche Joch des Kreuzschiffs, gleich wie in St. Stephani, Querrippen in der Richtung der Längsachse der Kirche tragen, durch welche die ehemalige Breite der beiden niedrigen Seitenschiffe angedeutet wird. Die beiden genannten Joche des Kreuzes zeigen übrigens in ihren Rippen eine andere Form als Langhaus und Chor; dieselben sind in ihnen, gleich denen der Stephanikirche, so gebildet, dass auf einer breiteren Unterlage ein Wulst liegt, der jetzt eine, muthmasslich erst durch Restaurationsarbeiten bewirkte, nicht birnenförmige, scharfe Kante hat. Man wird daraus wol schliessen müssen, dass das Kreuz später als das Langhaus gebaut ist. Der Südabschluss des Kreuzes hat die feinen Formen des Spätromanismus

---

*) Ich muss diese Meinung mit Kugler, Kl. Schriften II S. 649 gegen Müller, Organ f. christl. Kunst 1852 S. 51 und Loschen, Brem. Jahrb. II S. 497 ff aufrecht halten. S. darüber weiter unten.

**) Loschen, Brem. Jahrb. II S. 497 ff bestreitet gegen Müller das ehemalige Vorhandensein von Zwischenpfeilern; ich meine aber dass die stilistischen Gründe, welche für einen erheblich späteren Bau der vier westlichen Joche der Seitenschiffe sprechen und einer ursprünglichen Basilikaanlage das Wort reden, viel stärker sind, als die bautechnischen, welche er vorzugsweise betont. Nach Loschen, der auch für die Stephanikirche die ehemaligen Zwischenpfeiler leugnet, müssten die Architekten des 12 resp. 13 Jahrhunderts zweimal kurz hinter einander den unverzeihlichen Fehler einer viel zu schwachen Pfeileranlage gemacht haben, der noch während des Baus zu der rohen Verstärkung derselben Anlass gab.

am besten bewahrt. Die untere Hälfte zeigt zwei rundgeschlossene Nischen und in der Mitte eine Eingangsthür; die beiden Nischen sind von zwei Halbsäulen flankirt, welche auf einer attischen Basis mit schönem Eckblatt ruhen und von einer kleeblattförmigen Mauerblende überspannt sind. In der oberen Hälfte der Mauer liegen über einem Gesims zwei spitzbogige Fenster, von zwei breiteren Spitzbogen umrahmt, die in der Mitte und auf beiden Seiten auf Halbsäulen ruhen, denen der unteren Nischenarchitektur gleich. Die Mauer ist so auf eine schöne Weise belebt, und in gleicher Art war vielleicht ehedem der Nordabschluss des Kreuzes gebildet, in welchem sich jetzt nur zwei grosse tiefheralgehende Fenster befinden. Der Ostabschluss des Chors dagegen ist, wieder wie in der Stephanikirche, nur durch drei schmale dicht neben einander liegende Fenster durchbrochen.

Die Architektur unserer Kirche, welche demnach in ihrer ursprünglichen Form der der Stephanskirche in allen wesentlichen Theilen glich, und nur durch eine etwas andere Raumanordnung, durch vielleicht etwas rohere Formen der Pfeilerbasen, der Säulencapitäle und Kämpfergesimse sich unterschied, wird nicht minder als ihre ältere Schwester, durch ein schönes Verhältniss aller Linien zu einander einen wohlthuenden Eindruck gemacht haben. Aber sie hat dann am Ende des 14. Jahrhunderts aus den gleichen Gründen das gleiche Schicksal erlitten, ja, wie man muthmassen kann, von der gleichen Hand. Denn die Gothik der beiden Seitenschiffe, die man auch hier zu der Höhe und Breite des Mittelschiffs ausbaute, zeigt in der Laibung der Gurten, der Halbpfeiler, so viel davon erhalten ist, ganz ähnliche dürftige Formen wie in St. Stephan, mit gleich plumper Hand ist die Verstärkung der Arkadenpfeiler, die Untermauerung der Quergurten ausgeführt.

Man hat es bestritten, dass die Anschariikirche ehemals niedrige und schmale Seitenschiffe gehabt habe.*) dass sie ein Basilikenbau gewesen sei, und man hat dagegen neben einigen technischen Motiven, denen sich gleich gute für jene Meinung entgegensetzen lassen, namentlich den Umstand geltend gemacht, dass die Form der Hallenkirche hier wie überall in Nordwest-Deutschland in der ersten Hälfte des dreizehnten Jahrhunderts bereits die massgebende gewesen sei.**) Allein man hat dabei den Umstand völlig übersehen, dass damals in Bremen einzig Unser Lieben Frauen eine Hallenkirche darstellte, dass dagegen der Dom und die Stephanikirche Basiliken waren, man hat die Uebereinstimmung der Bauglieder zwischen unserer Kirche und der von St. Stephan, die Aehnlichkeiten, welche die Chorpartien der Ansehariikirche und des Doms zeigen, ausser Acht gelassen, man hat vor allen Dingen vergessen, dass für die Capitelkirche der Herren von St. Ansearii die beiden bestehenden Capitelkirchen und nicht die Pfarrkirche der heil. Jungfrau das natürliche Vorbild sein mussten.

Nein auch hier hat erst das Cultusbedürfniss einer späteren Zeit, die zunehmende Zahl der Pfarrbewohner, der mit ihr wachsende Reichthum der Kirche die Umwandlung herbeigeführt. In der zweiten Hälfte des vierzehnten Jahrhunderts sah das Ansehariieapitel glückliche Tage: sein trefflicher Schutzmeister und demüthiger Dechant, Bernhard von Hildingwarden, hat uns

---

*) Müller und Lenchen a. d. O. gegen Kugler.
**) Leschen behauptet dagegen freilich von der gleichzeitig erbauten Martinikirche, dass sie ursprünglich in Basilikenform aufgeführt sei. Brem. Jahrb. II S. 479.

aus jener Zeit in seinen sorgfältigen archivalischen Arbeiten ein Zeugniss des Fleisses und der Umsicht der damaligen Verwaltung der Kirche hinterlassen. Herbord Schene, einer der Mitverfasser unserer prächtigen städtischen Chronik, Kellermeister des Doms und Capitelsherr zu St. Anscharii, ein reicher, wolthätiger und, wie sein Testament bezeugt, auch kunstliebender Herr, hat am Ende des vierzehnten und im Beginne des fünfzehnten Jahrhunderts für die Anscharükirche wie für zahlreiche andere Stiftungen der Stadt ausserordentlich gesorgt. In diese Zeit werden wir den Umbau der Kirche zu setzen haben,*) für dessen architektonischen Stünden wir freilich kaum die gleichen Männer verantwortlich machen können, welche gleich darauf für eine reiche malerische Decoration der Kirche sorgten.

Ein glücklicher Zufall hat in der Anscharükirche vor zwanzig Jahren einen Theil des alten Bilderschmuckes wieder zu Tage gefördert, der einst allen unsern Kirchen ein festliches Ansehen verlieh, ehe die puritanische Strenge ihre Mauern mit einem weissen Leichengewande überdeckte. Man hat leider nur einen Theil der Bilder an der nördlichen und südlichen Umfassungsmauer und an zwei Arkadenpfeilern blos gelegt und kaum den Versuch gemacht noch weiteren Spuren zu entdecken. Immerhin ist es sehr dankenswerth, dass man diese Zeugen der alten Zeit sorgfältig hervorgeholt und nicht ungeschickt restaurirt hat. Sie sind nicht Zeugnisse eines hervorragenden künstlerischen Talentes, einer reichen Phantasie, einer glücklichen Composition: einfach und streng sind die Linien der unmodellirten Zeichnung, unbeholfen der Auftrag, die Farben ungebrochen und ohne feinere Empfindung in ihrer Anordnung. Aber der Maler war sich des lediglich decorativen Zweckes seiner Werke vollkommen bewusst, er malte in der Teppichmanier, welche in den Glasmalereien des Mittelalters einen so vollkommenen Ausdruck gefunden hat; wie in dieser den eintönigen Farben nur durch die Bleieinfassung der Anschein der Schattirung gegeben ist, so ist dieselbe auch hier fast nur durch eine schwarze Umrandung der Farbentöne hervorgerufen. Die Wirkung der Bilder ist durchaus auf die Ferne berechnet, nur als Beihilfe sollen sie der Architektur dienen, nicht als selbständige Kunstwerke wollen sie gelten. Und was ihrem Bildner an Phantasie abging, das ersetzte er durch den erbaulichen Inhalt seiner Gemälde: nicht sowol des Beschauers Auge sollen sie ergötzen, als seine Seele mit eindrucksvollen religiösen Empfindungen füllen. Und welchen besseren Vorwurf hätte der Maler dafür an dieser Stätte wählen können, als Scenen aus dem erbaulichen Leben des Schutzpatrons der Kirche, des heil. Anschar? Diesem Gegenstande sind die vier an der nördlichen Mauer befindlichen Bilder, muthmasslich die ältesten unter den uns erhaltenen, gewidmet, welche das Jugendleben des Heiligen und seine entzückten Visionen schildern. Wahrscheinlich sind sie ein Theil eines ganzen Cyclus von Bildern, welcher die beiden Wände der Kirche zu schmücken bestimmt war und wol auch in grösserem Umfange als heute geschmückt hat. Aber der Meister, welcher diese Ausmalung begann, hat sie nicht zu Ende führen können, und sein Nachfolger, dem die Ausschmückung der südlichen Wand zufiel, hat in dramatisch bewegten Scenen aus der jüdischen Geschichte des Alten Testaments einen seinem Talent aber freilich nicht dem Charakter der Architecturmalerei, welche die grösste Ruhe erfordert, mehr entsprechenden Gegenstand

---

*) Dass die Chronik von Risenberg und Schene diesen Umbau und den gleichzeitigen der Stephanskirche unerwähnt lässt, kann nicht Wunder nehmen, da sie auch des wenig späteren Baus des Rathhauses mit Stillschweigen übergeht.

gefunden. Von seinem weniger geübten Pinsel sind fünf Bilder wieder freigelegt. Und wieder aus etwas späterer Zeit und von einem dritten Meister scheinen die Einzelfiguren Johannes des Evangelisten, des heiligen Andreas, eines Papstes und eines Abtes herzurühren, welche sich an den beiden östlichen Arkadenpfeilern und dem südöstlichen Wandpfeiler zwischen Kreuz und Seitenschiff finden.

Muthmasslich stammen diese Bilder aus dem Ende des vierzehnten und dem Beginne des fünfzehnten Jahrhunderts, aus jener Blüthezeit des Anschariicapitels, in welcher alle Bedingungen für künstlerisches Gedeihen, für eine üppige Entfaltung kirchlicher Pracht zusammenfielen: eine angesehene Stellung unserer Stadt, Ruhe im Innern, eine stolze Machtentfaltung nach aussen, ein blühender Handel und daraus entspringender Reichthum, eine sorgfältige Verwaltung des wachsenden Kirchenguts und ein Zusammenfluss begabter, kunstliebender und wohlhabender Männer im Capitel wie in der Stadt.

Diese bilderfrohen Tage haben auch nicht versäumt, den übrigen Kirchenschmuck nach Kräften zu vermehren. Freilich besass die Kirche, deren Pfarrkinder schon im Jahre 1360 durch einen von funfzehn fremden Bischöfen ausgestellten Ablassbrief zur Vermehrung der Leuchter, Bücher, Kelche, Kleider und sonstigen Schmuckes aufgefordert waren, bereits im Jahre 1363 einen ansehnlichen Schatz von Bildwerken, Reliquiengefässen, gottesdienstlichen Geräthen und Gewändern, deren Art und Zahl der bereits genannte Bernhard von Hiddingwarden damals aufzeichnen liess.[*] Bernhard selbst hatte von einer Reise an den römischen Hof ein Marienbild aus Alabaster mit köstlichen Reliquien heimgebracht und noch ein anderes Alabasterbild des heil. Rimbert besass die Kirche, ferner ein Bild der Maria mit vergoldeter silberner Krone und Scepter und ein vergoldetes silbernes Haupt des heil. Anschar, zwei krystallene Schaalen mit silbernen Füssen und Beschlägen und fein geschmücktem Kreuze, drei silberne Kreuze mit Steinen geziert, eine elfenbeinerne Pyxis zur Darreichung des Abendmahls und anderes mehr. Dazu hatte sie silberne Kelche mit vergoldeten Schaalen und mit Edelsteinen und Bilderschmuck verziert, silberne Ampeln und Rauchfässer, kupferne und eherne Becken; Fahnen von rother Seide mit Gold- und Silber- und Perlenstickerei, purpurne Altardecken, Stolen mit reich gestickten Borden und eine Fülle anderen Kirchengeräths, deren blosse Namhaftmachung uns das Bild eines glanzvollen Kirchendienstes vorführt. Aber damit war man keineswegs gemeint sich zu begnügen: als im Jahre 1395 ein in der Vorhalle der Kirche stehendes Crucifix in Folge irgend eines Zufalls in Flammen aufgegangen war, wobei sich das Wunder begeben hatte, dass die inmitten des brennenden Holzes befindlichen Reliquien unversehrt geblieben waren, und als nun im nächsten Jahre ein neues schöneres Kreuz, mit jenen und noch köstlicheren Reliquien vom wahren Kreuze Christi von den Kleidern und dem Grabe des Herrn versehen, aufgestellt worden war, liessen die Herren des Capitels dasselbe von einem grade in Bremen anwesenden fremden Bischof weihen und erlangten von demselben einen neuen Ablassbrief mit der Aufforderung an die Gläubigen, die Kirche mit Schmucksachen zu beschenken.

Zeiten wie diese konnten lächelnden Sinnes auf die schweren Jugendjahre des Capitels zurückschauen und dem Gründer desselben, dem Erzbischof Hartwig II., dessen irdische Mängel

[*] s. Brem. Ub. III Nr. 221 und 222.

längst vergessen waren, ihre Verehrung widmen. Vielleicht rührt aus dieser Zeit die pomphafte Inschrift, welche sich ehedem neben dem wirklichen oder vermeintlichen Grabstein des Erzbischofs in der Ansgariikirche an der Mauer fand. Die dankbare Nachwelt trug die aus ihrer behaglichen Sicherheit erwachsenen Empfindungen in die stürmische und trübselige Vergangenheit hinein, wenn sie in jenen Versen von Harwig sagte:

Fromm, so lange er lebte, des Vaterlands gütigster Vater,
Herrlich vor allen, den Christen ein Licht, der Ruhm seines Volkes.
Lass, allmächtiger Gott, ihn ewigen Friedens geniessen.

Diese Grabschrift, noch am Ende des sechszehnten Jahrhunderts (natürlich in lateinischer Sprache) vorhanden, ist seitdem mit dem Grabstein und einer grossen Anzahl anderer Grabmonumente verschwunden. Nur ein altes Denkmal hat sich, neben einer Anzahl von Epitaphien aus der Renaissance- und Rococozeit, in unserer Kirche erhalten, welches zwar künstlerisch unbedeutend aber historisch und wegen seines vergleichsweise hohen Alters interessant eine bildliche Darstellung (s. Taf. VI) und eine kurze Erwähnung zu verdienen schien, das Grabmal Arnds von Gröpelingen, des Bremischen Rathmannes, welcher im Jahre 1304,[*] ein Opfer seiner volksfreundlichen Gesinnung, unter den Schwertern seiner adlichen Genossen ein schmähliches Ende fand. Er hatte krank im Bette gelegen, als die Verschworenen zur Ausführung ihres Frevels schritten, und sein treuer Knecht hatte vergeblich mit Aufopferung seines eigenen Lebens den kranken Herrn zu retten versucht. Diese Scene hat der Künstler des Grabmonuments andeuten wollen, indem er Arnd Gröpelingen in liegender Stellung und den Knecht über das Kopfkissen, mit welchem er den Schwertstreich abwehren wollte, hervorschauend darstellte. Ohne Zweifel hat dieser Stein ehemals auf einem Hochgrabe geruht, welches bald nach der That, die den Anfang des Endes der Geschlechterherrschaft in Bremen bezeichnete, hergestellt sein wird; und erst als man das Grab entfernt hatte, ist das Bildwerk, um es zu erhalten, in einen Pfeiler des südlichen Seitenschiffs in verticaler Stellung eingemauert, und hat damit seine Bedeutung zum guten Theil eingebüsst.

Mit den Grabdenkmalen sind auch aus der Ansgariikirche die zahlreichen Altäre verschwunden, davon es in der Glanzzeit des Capitels mehr als zwanzig gab[**], deren gleich zahlreichen Vicare auch hier einen überaus prachtvollen Chordienst ermöglichten.

Von Werken neuerer Kunst hat die Ansgariikirche ein Altarblatt von Wilhelm Tischbein aus dem Jahre 1808 aufzuweisen, welches in einen nicht ohne Geschmack in Sandstein gearbeiteten Altaran gothischen Stils eingelassen ist. Tischbeins Gemälde „Lasset die Kindlein zu mir kommen", welches in der Zeit seines Entstehens lebhafter Anerkennung sich zu erfreuen hatte, will uns heute nicht mehr Genüge leisten: die Theaterfigur mit dem seelenlosen Gesichtsausdruck, welche Christus darstellen soll, spricht uns nicht an, die Mängel der Composition, das unschöne Colorit treten störend hervor. Soll man die vor zwanzig Jahren in die Fenster der Nordseite und des Chors eingesetzten Glasmalereien loben? Die Figuren Luthers und Calvins, des heiligen Ansgar und der vier Evangelisten, und im Mittelfenster des Chors die in glänzendem Colorit

---

[*] Nicht 1307, wie die moderne unter dem Grabmal befindliche Inschrift angibt.
[**] Ueber die zum Andenken an den Bürgermeister Joh. Vasmer von Rathe im Jahre 1436 errichtete vicaria corporis Christi s. Denkmale Bd. I. 1 S. 49, die Namen der Altäre nebst ihrer Gründungszeit bei Kohlmann, Beitr. z. Brem. Kirchengesch. I S. 49 ff.

dargestellte Figur Christi sind in Zeichnung und Auffassung wohlgelungene Leistungen, aber stehen sie hier an der richtigen Stelle, erfüllen sie ihren Zweck? Man vermisst durchaus die organische Einfügung in den architektonischen Aufbau der Fenster, sie treten als sich selbst genügende Kunstwerke anspruchsvoll hervor, anstatt als Glieder der Architektur sich anzuschmiegen. Und was soll man gar zu den langen schwarzen Gewändern der beiden Reformatoren sagen? Wollte der Maler den Versuch machen der Kirche ihr Licht durch schwarzes Glas zuzuführen, oder hat er völlig den Sinn seiner Aufgabe vergessen?

Wenn man einmal auch der Südseite der Kirche den Schmuck bunter Fenster geben wird, so wird man ohne Zweifel die schönen Muster der anspruchsloseren Künstler des Mittelalters mehr ins Auge fassen und sich erinnern, dass ein Fenster nur ein Glied des Baus nicht eine Leinewand ist, der die Phantasie des Künstlers in freier Gestaltung ihre Schöpfungen aufdrücken kann. Dazu wird es denn freilich erst eines Abbruchs der Häuser bedürfen, welche heute die Anschariikirche mehr als irgend eine andere unserer Stadt, und vor allen deren Südseite einengen.

Diese Anbauten stören den äusseren Eindruck der Kirche in empfindlicher Weise; nur die drei Giebel der Südseite ragen noch frei über ihnen empor. Diese und die correspondirenden Giebel der Nordseite führen auch hier drei Satteldächer quer über die drei Gewölbjoche des Langhauses hinweg, während der Chor sein eigenes Dach hat, das östlich auf einem mit runden zweitheiligen Blendbogen gefällig belebten Giebel ruht. Die Abbildung dieses Chorgiebels (Tafel III) zeigt, dass man zur Belebung desselben nicht allein mit den Blenden sich begnügte, sondern auch durch die Stellung der Ziegelsteine in gebrochenen Linien den Effekt erhöht hat. Ungleich einfacher sind die Giebel der Südseite ragen noch frei über ihnen empor. Diese und die correspondirenden Giebel der Nord- und Südseite, deren einer gleichfalls abgebildet ist, behandelt, aber es zeigt sich ein wesentlicher Unterschied in denen des alten Kreuzes und den Giebeln der später ausgebauten Seitenschiffe: bei den ersteren sieht man unter einer kreisförmigen sieben gradlinig abgeschlossene Fensterblenden, während in den anderen sieben Spitzbogenblenden angeordnet sind. Hiedurch wie durch die mitten unter den Giebeln des ehemaligen Kreuzes befindlichen Strebepfeiler, zu deren beiden Seiten, entsprechend der inneren Zweitheilung des Kreuzes zwei breite Spitzbogenblenden angebracht sind, ist auch äusserlich die verschiedene Bauzeit des Kreuzes und der westlichen Joche der Seitenschiffe noch heute deutlich erkennbar. Der Westabschluss der Kirche, den unsere farbige Abbildung darstellt, wird durch einen breit vorgelagerten quadratischen Thurm gebildet, dessen aus Backsteinen erbauter Kern, wie bereits erwähnt, mit Haustein verblendet ist. In sieben Stockwerken erhebt er sich zu ansehnlicher Höhe, durch spitzbogige und im oberen Theile rundbogige Fensterblenden nicht eben sonderlich fein belebt. Auf dem Unterbau ruht eine gewaltige welsche Haube in einer schlanken Spitze endend, welcher man heute kaum noch geneigt sein wird die Lobsprüche zu spenden, welche ihr noch vor vierzig Jahren zu Theil wurden [*]. Seine jetzige Haube trägt übrigens der Thurm erst seit 1590 an Stelle einer schlanken Pyramide, welche ihn ehedem gleich dem Nordthurme des Doms krönte [**].

[*] S. Paniel, Zur Erinnerung an das 600 jähr. Jubiläum der St. Anschariikirche S. 30 f.

[**] Der Thurm der Anschariikirche, 324 rheinische Fuss hoch, war ehedem, nach dem Brande des nördlichen Domthurms, lange Zeit und ist vielleicht noch heute der höchste Thurm in Niedersachsen, wol verstanden in dem nordwestdeutschen Tieflande diesseits der Elbe, das man gemeiniglich als Niedersachsen zu bezeichnen pflegte. Er erreicht aber z. B. bei weitem nicht die Höhe des Thurms der Michaelikirche in Hamburg und der beiden Thürme der Marienkirche in Lübeck.

4*

Der Thurm bewahrt noch heute zwei Glocken aus vorreformatorischer Zeit: eine Schlag-
glocke von 1434 und eine Läuteglocke von 1439, beide von dem seiner Zeit berühmten Bremischen
Glockengiesser Gerd Klinge verfertigt. Die erstere „an de ere unser leven vrouwen unde an
de ere sunte Vyt unsens hovetheren" gewidmet trägt die Kreuzigung, Maria mit dem Kinde und
den heiligen Anschar nebst einem Engel mit der Palme als Schmuck. Die zweite stellt von
schönem Ornament umgeben Christus am Kreuze mit der Umschrift Jesus Nazarenus rex Jude-
orum, und Maria mit dem Kinde mit der Umschrift Ave gratia plena, darunter eine kleine Glocke,
darüber nochmals Christus am Kreuze dar, und trägt die Inschrift: Anno domini MCCCCXXXIX
Maria ik hete. In de ere godes un Anschari is dit vat laten gheten. Jaspar, Melchior
Balthasar. Help got ut aller not, wie eu weten nicht wissen uten den dot. Got gheve siner
sele rad, dede un gheguten van Gherd Klinghe.

Eine andere Läuteglocke, welche der Thurm noch bewahrt, stammt aus dem Jahre
1567, aus der Zeit in welcher der erbitterte Bremische Abendmahlsstreit noch ungeschlichtet fort-
dauerte und offenbar ist dieser Umstand nicht ohne Einfluss auf die schöne Inschrift der Glocke
geblieben.

> Here got gif frede in dinen lande,
> Geluoke unde heil to allen stunde.
> Is Got mit uns, wol kan wedder uns. MDLXVII.
> Manniger man hatet wat he sut,
> Unde mot doch liden wat dar schut.

Eine Darstellung der Himmelfahrt und ein Bremer Wappen zieren die Wandung dieser
Glocke.

Der reformatorische Zug, welcher in der mittleren Zeile dieser Inschrift uns anspricht,
ist bezeichnend für den Geist der Anschariigemeinde, die zuerst unter allen in Bremen der
reformatorischen Predigt den Einzug in ihre Kirche gestattete*). Zwar nicht sogleich in das
Hauptgebäude, in welchem die Capitelsherren noch walteten, wol aber in die aus zwei gothischen
Gewölbjochen gebildete Capelle, welche sich an die Südseite des Chors anlehnt. Dieselbe macht
heute einen trübseligen verfallenen Eindruck, ein grosser Heizungsapparat, ein Kohlenlager haben
diese Räume profanirt, an welchen der geweihte Name Heinrichs von Züttphen haftet. Hier
zuerst ist in Bremen am 9. November 1522 die Reformationspredigt erklungen.

So knüpft sich an die Kirche, welche den Namen des ersten und des grössten unserer
Erzbischöfe trägt, des Mannes, der der Bremischen Kirche für Jahrhunderte ihre Bahn gewiesen
hat, zugleich die Erinnerung an die Erstlingsfrüchte der evangelischen Lehre, welche für andere
Jahrhunderte den durchgreifendsten Einfluss auf die Geschicke unserer Stadt geübt hat.

---

*) Vgl. darüber Brem. Jahrbuch VIII S. 64 f.

Die Kirche St. Martini.

Die Martinikirche ist ziemlich gleichzeitig mit der des Anschar entstanden. Wir hören zum ersten Male ihren Namen in dem Decret des Erzbischofs Gerhard II über die Theilung der Kirchspiele im Jahre 1228, doch in einer Weise, die vermuthen lässt, dass damals mindestens ein Anfang zu ihrer Erbauung schon gemacht war. Wenn uns dann im Jahre 1230 der Zins genannt wird, welchen die Martinikirche jährlich an den Dompropst zu zahlen hatte, wenn wir schon 1232 einen Pfarrer von St. Martini finden, so müssen wir annehmen, dass um diese Zeit die Kirche bereits vollendet oder ihrer Vollendung nahe war. Dann vergehen sechzig Jahre ohne dass wir etwas über die Kirche hören, bis ein Ablassbrief, den sie im Jahre 1290 erwarb, von den Zerstörungen berichtet, welchen Kirche und Kirchhof durch die Fluthen der Weser ausgesetzt waren. Im Centrum der ältesten städtischen Ansiedlung war die Martinikirche errichtet worden, hart am Ufer der Weser, und sie hat in Folge dieser Lage Jahrhunderte lang zahllose Beschädigungen durch das Wasser des zu Zeiten hoch anschwellenden Flusses erlitten. Diese Beschädigungen, die fortwährend grosse und kleine Reparaturen veranlassten, haben wol in gleichem Masse wie die Kleinheit der Gemeinde, deren Mittelpunkt die Kirche bildete, dazu beigetragen, ihr immer einen ziemlich dürftigen Charakter zu belassen.

Freilich hat auch die Martinikirche bessere Tage gesehen als heute, aber weder in ihrer architektonischen Entwickelung noch im Reichthum inneren Schmuckes scheint sie mit den anderen Bremischen Kirchen in deren bester Zeit je auf gleicher Stufe gestanden zu haben. Sie hat immer unter der Armuth gelitten, welche die in den Jahren 1290, 1293, 1300 zu ihren Gunsten ausgestellten und noch 1345 von Erzbischof Otto I bestätigten Ablassbriefe verrathen, welche der Umstand beweist, dass im Jahre 1355 die Bauherren der Kirche Rente aus ihren eigenen Häusern verkauften, um ihr aufzuhelfen, welche endlich in einem Ablassbriefe des Erzbischofs Albert im Jahre 1378 ausdrücklich erwähnt wird.

Es war natürlich, dass man für den Bau der Martinikirche, welche als gewöhnliche Pfarrkirche, nicht als die eines Capitels, ins Leben trat, die in der gleichen Lage befindliche Liebfrauenkirche zum Vorbild nahm, ohne freilich sich sklavisch an das Muster zu binden. So hat man ihr von vorn herein den Charakter einer Hallenkirche gegeben *), aber, vielleicht aus

*) Ich stimme hier völlig überein mit H. A. Müller, Mittheilungen der Oesterr. Centralcommission 1864 S. XXXIV gegen Kugler, Kl. Schriften II S. 645, Lotz, Statist. der deutsch. Kunst des M. A. I S. 111 und Lübke, Dresd. Jahrb. II S. 479 ff. Gegen den ursprünglichen Basilikenbau spricht u. a. auch der Umstand, dass hier wie bei der Liebfrauenkirche jede Kreuzanlage fehlt, die man nach dem Vorbilde der drei Capitelskirchen erwarten müsste.

38

Ersparnissrücksichten, die Seitenschiffe, welche dem mittleren an Höhe gleichkommen, in geringerer Breite aufgeführt. Fünf freistehende Pfeilerpaare, und die entsprechenden Wandpfeiler an den Umfassungsmauern stützten ehedem das Gewölbe, dessen wulstförmige Rippen im Mittelschiffe noch heute ihre ursprüngliche Gestalt bewahrt haben; doch sind die Diagonalrippen auch hier so lang gespannt, dass das Mittelschiff nur in drei Gewölbjoche zerfällt, während auf die später entfernten Zwischenpfeiler eine Querrippe sich aufsetzte, durch welche jedes Gewölbjoch in zwei Theile von je drei Kuppen zerlegt wird. Das Profil der Pfeiler war, so weit es sich heute noch erkennen lässt, dem der Stephani- und Anschariikirche ähnlich, ein quadratischer Kern mit breiten Pilastervorlagen und vier eingelassenen Ecksäulen, die mit einem knollenförmigen, zum Theil noch erhaltenen, Capitäl geziert waren. Die Basen der Pfeiler sind in Folge der mehrfachen Erhöhungen des Bodens, welche die Weserfluthen nothwendig machten, und durch den späteren Umbau auch hier völlig verschwunden. Dass bei diesem Umbau die Umfassungsmauern nicht wie bei St. Stephani und St. Anscharii hinausgerückt worden sind, erkennt man daraus, dass der Südabschluss der Kirche noch heute Reste von Halbsäulen trägt, die denen des Mittelschiffs vollkommen gleichen, dass sich im Westabschlusse des nördlichen Seitenschiffs, grade wie in Unser Lieben Frauen, eine die ganze Breite des Schiffes überspannende rundbogige Mauerblende findet, welche auf einem romanischen Capitäl aufsetzt und ohne Zweifel der ältesten Anlage angehört. Jedes der drei Gewölbjoche, in welche die Seitenschiffe heute, dem Mittelschiffe entsprechend, zerfallen, hat zwei Fenster, und zwar alle in gleichen Abständen von einander; die schon hierdurch hervorgerufene Vermuthung, dass die Seitenschiffe ehedem, entsprechend der ursprünglichen Zahl der Pfeiler in je sechs Gewölbjoche zerfallen seien, wird noch bestärkt durch die aussenseitigen Strebepfeiler, deren Stellung und Zahl noch heute der der ursprünglichen Arkadenpfeiler entspricht. Hätte man die Umfassungsmauern beim Umbau einer alten Basilika zur Hallenkirche hinausgerückt, so würde man sich gewiss auch hier mit je einem Fenster im Gewölbjoche begnügt, man würde nicht grade unter der Mitte der Giebel, welche hier wie bei der Liebfrauenkirche drei Satteldächer quer über die Kirche hinwegführen, einen Strebepfeiler gesetzt haben. Dass die Seitenschiffe auch von vornherein die gleiche Höhe hatten, ist sowol aus ihrer Breite als auch aus der Höhe der spätromanischen Capitälreste an den erwähnten Wandsäulen des südlichen Schiffs zu schliessen. Der wahrscheinlich im funfzehnten Jahrhundert geschehene Umbau kann demnach hier nicht von dem Bedürfniss grösseren Raumes ausgegangen sein, sondern wird in dem Wunsche einer besseren Verbindung der Seitenschiffe mit dem Mittelschiff seinen Grund gehabt haben, wenn nicht etwa anzunehmen ist, dass eine Unterspülung der kleineren Zwischenpfeiler durch eingedrungenes Wasser deren Bestand gefährdete und zu dem Beschlusse führte, durch eine Verstärkung der Hauptträger der Mittelgewölbe eine grössere Sicherheit herbeizuführen, und die kleinen Pfeiler, die nun für das Mittelschiff entbehrlich wurden und deren Verbleib die Zuglüge zwischen den Schiffen jetzt ungebührlich eingeengt haben würde, ganz wegzuräumen. Das musste dann eine Veränderung der Gewölbe der Seitenschiffe freilich zur nothwendigen Folge haben und gab zunächst dem südlichen Schiffe seine jetzige Gestalt: drei lange und schmale Joche mit birnförmig profilirten Diagonalrippen. Das nördliche Schiff zeigt in seinem östlichen und mittleren Joche eine Spielerei in der Rippenbildung, wie sie der letzten Zeit der Gothik entspricht, und lässt der Vermuthung Raum, dass man hier, auf der der Weser abgewandten

Seite, wo die Pfeiler weniger gefährdet sein mochten, die Umwandlung erst in späterer Zeit vorgenommen und damals dem hier auch radicaler mit Wegräumung der romanischen Wandpfeiler verfahren habe. Auch die verschiedene Gestalt der Fenster im nördlichen und südlichen Seitenschiffe scheint für eine verschiedene Zeit des Umbaus zu sprechen. Zwar blieb ihre Anordnung die frühere, indess das gothische Profil ihrer dürftigen Laibung und das in Haustein ausgeführte Masswerk zeigen, dass sie vom Umbau nicht unberührt blieben. Im südlichen Schiffe aber sind die Fenster zweitheilig, im nördlichen dreitheilig und mit spätgothischem schon unconstructivem Masswerke versehen. Die Verstärkung der Arkadenpfeiler ist in St. Martin mit der gleichen Rohheit wie in den anderen Kirchen ausgeführt worden, und die Behandlung, welche man im südlichen Seitenschiffe den alten Bangliedern, die nüchterne Gestalt, welche man im nördlichen den Capitälen der Dienste gegeben hat, zeugt auch hier von einer niedrigen Stufe der damaligen Baukunst.

Dieses architektonisch so hässliche Langhaus ist nun durch eine in der Mitte zwischen dem westlichen und dem mittleren Joche aufgerichtete Empore von plumper Gestalt, welche den Raum der Kirche künstlich verkleinert und die drei westlichen Joche völlig nutzlos gemacht hat, und nicht minder durch ein ungewöhnlich dürftiges, ja geschmackloses Gestühl verunziert; die Vorstellung von der Armuth der Martinigemeinde, von den häufigen Gefahren, denen ihre Kirche ausgesetzt gewesen ist, tritt dem Beschauer eindrucksvoll und unerfreulich entgegen. Da wendet er sich nun zu dem Chor der Kirche und hier endlich erholt sich sein Auge an dem wohlthuenden Anblick gefälliger Formen, einer zwar nicht künstlerisch bedeutenden aber doch harmonisch durchgebildeten Anlage. Wenn auch die Technik etwas handwerksmässig, die Verwendung der Mittel für den Zweck etwas reichlich ist, so ist doch ein Ausarten in ornamentale Spielereien ohne constructive Bedeutung noch durchaus vermieden. Ein quadratisches Gewölbjoch und ein von sieben Seiten eines Zwölfeckes gebildeter Schluss zeigen in Anlage und Detailbehandlung die Hand eines guten Meisters aus der Zeit der Blüthe der Gothik, muthmasslich aus dem vierzehnten Jahrhundert. Zwar die Verbindung zwischen Langhaus und Chor ist mangelhaft: unvermittelt stehen hier unter dem Triumphbogen neben einander die Rippen des nächsten Gewölbes des Mittelschiffs tragen mit ihren romanischen Knollenkapitälen, und die in halber Höhe der Mauer auf eine Console mit gothischem Blätterornament gestellten Säulchen, welche den Rippen des vorderen Joches des Chors zur Stütze dienen. Die Gurtrippen des Chorschlusses laufen wie Radien eines Kreises in dem Mittelpunkte des gedachten Zwölfecks zusammen und werden hier durch einen runden Schlussstein verbunden, der ohne Zweifel ein Bildwerk trug, ehe die wiederholten Anstriche mit weisser Tünche ihm diese Zierde nahmen. Die Säulchen, welche die Gurten des Gewölbes tragen, setzen, gleich wie unter dem Triumphbogen, in halber Mauerhöhe auf Consolen auf, die mit dem mannigfaltigsten Blätter- und Figurenornament geschmückt sind. Sieben schmale Fenster mit gutem Masswerk aus Haustein versehen führen dem Chor reichliches Licht zu, das man gerne durch schöne Glasmalereien gedämpft sehen würde; die bunten Fensterscheiben, welche neuerlich mit farblosem wechselnd zu einem Schachbrettmuster zusammengesetzt sind, können keinen Ersatz für jenen Mangel bieten. Dieser etwas kindliche Versuch eines Fensterschmucks sowol als der gänzliche Mangel jedes Bildwerks, eines Auflaues am Altar lassen selbst im Chore den Eindruck von Aermlichkeit zurück, den auch das geschmackvollere Gestühl aus Eichenholz, welches hier aufgestellt ist, nicht ganz bannen kann.

Wahrscheinlich ist dieser Chorbau im letzten Viertel des vierzehnten Jahrhunderts aufgeführt, als Arnd Donekley und Arnd Mund Bauherren der Kirche waren, als durch den erwähnten Ablassbrief des Erzbischofs Albert aus dem Jahre 1378, welcher ausdrücklich auf die Nothwendigkeit die Kirche zu bauen und zu bessern hinweist, die Mittel beschafft sein mochten. Eine kupferne Taufe, auf alabasternem Grundstein, welchen fromme Verehrung von Jerusalem herstammen liess, war ihrer Inschrift*) zufolge gleich nach Vollendung des Baus im Jahre 1387 von Arnd Mund, Johann Brand und Bernd Winthusen der Kirche geschenkt worden.

Der einzige Bildschmuck, welchen die Kirche heute aufzuweisen hat, sind einige Epitaphien des siebenzehnten Jahrhunderts. Es ist merkwürdig genug, dass diese kirchlich puritanische Zeit, welche Bremen zu der streng-reformirten Lehre hinüberführte, doch ihre Neigung für das Breite, das Pomphafte auch in die nüchternen Mauern ihrer Kirchen hineintrug, dass sie hier ihren Todten Gedenktafeln setzte, die von übersprudelnder Lebenslust erfüllt sind. Wir haben eins dieser Denkmale üppiger Fantasie unter die bildlichen Darstellungen aufgenommen (Taf. VII). Es ist zu Ehren des Rathsherrn Hermann Müller errichtet, der von 1612—1628 im Rathe der Stadt sass und seit 1624 auch Bauherr der Martinikirche gewesen war. Leider konnten die schönen Details des Bildwerks in der Darstellung nur wenig zur Anschauung kommen, aber der kecke architektonische Aufbau, die verschwenderische Fülle des Sculpturwerks tritt auch hier reizvoll hervor. Alles ist auf eine malerische Wirkung berechnet, für welche das siebenzehnte Jahrhundert eine so eminente Anlage besass. Die Verbindung des schwarzen Marmors der Architekturtheile mit dem weissgelben Alabaster des bildnerischen Schmuckes und mit reicher Vergoldung ist von fesselndem Reiz. Auch die üppigen Blumengewinde auf denen kleine graziöse Amoretten, oder Engel wenn man will, sich schaukeln, die zierlichen Blätter- und Arabesken-ornamente an den Gesimsen, die breite Ausführung der beiden mittleren Reliefdarstellungen, die Erhöhung der Schlange und das Abenteuer des Propheten Jonas mit dem Wallfisch, machen durchaus einen malerischen Effekt; und nur in den voll aus dem Alabaster herausgearbeiteten Gestalten der Helden der alten Testaments, einem Moses, einem König David, welche mit zahlreichen allegorischen Figuren wechseln, tritt das plastische Element hervor. Es ist offenbar, dass die Anregung für solche Arbeiten von dem prachtvollen Bildschmuck ausging, welchen die Spät-renaissance kurz zuvor unserm Rathhause angeheftet hatte.

Von älterem innerem Schmuck unserer Kirche ist keine Spur mehr erhalten geblieben. Einige wenige Bildwerke aber weist die Aussenseite derselben noch heute auf. Eine durchaus singuläre Erscheinung unter unsern kirchlichen Bauten bietet ein Portal an der der Weser zugekehrten Südseite der Kirche: zwei aus verglasten, abwechselnd schwarz und braun gefärbten, Ziegeln gebildete ziemlich stark vortretende Finten flankiren einen aus dem gleichen Material bestehenden Spitzbogen, welcher die Thür überspannt und die aus schlichtem Haustein gearbeitete Thüreinfassung einschliesst, über welcher auf einer hohlkehlenartig ausladenden Console ein Tympanum, von einem Kleeblattbogen eingerahmt, ruht. Das Tympanum stellt in einfacher Anordnung das jüngste Gericht dar: in der Mitte sitzt Gott Vater oder Sohn, zu beiden Seiten ein schwebender Engel mit einem Weihrauchgefäss in der Hand, unter den beiden Engeln je

*) S. Brem. Jahrb. II S. 452 f.

eine erhabene Grabplatte, aus welcher ein Todter emporsteigt; das Alpha und Omega stehen zu beiden Seiten Gottes. Der Raum des Kleeblattbogens ist in dieser Weise auf das Schönste ausgefüllt, und der Grund durch ein eingeritztes Muster belebt. Dass der Ziegelbau und die Hausteinarbeit nicht der gleichen Zeit angehören, darf man mit Sicherheit annehmen; diese reicht vielleicht in das dreizehnte Jahrhundert zurück, während jener nur in den muthmasslich dem fünfzehnten Jahrhundert entstammenden Giebeln der Liebfrauenkirche seines Gleichen findet. Es ist wunderbar genug, dass man dies schöne Portal an die unzugängliche Südseite der Kirche setzte, wo es jetzt von rankendem Epheu halb versteckt, wenig bekannt, ein nutzloses Dasein führt, für die Wenigen, welche es zu betrachten Gelegenheit haben, ein Denkmal feinfühligen Formen- und Farbensinns und doch wie ein Huhn auf seine nächste Umgebung, der es nur eine schöne Decoration bietet, ohne doch von seinem Leben ihr etwas mitzutheilen. Die zahlreicheren Strebepfeiler unterbrechen freilich die lange Mauerflucht der freiliegenden Südseite der Martinikirche und über ihr sind die vier Giebel mit Spitzbogenblenden gefällig belebt, aber wie nüchtern, wie formlos erscheinen die Pfeiler, die Mauern, die Fenster, selbst jene Giebel neben der reichen Gliederung, dem Farbenwechsel des Portals. Von der Nordseite der Kirche liegt nicht viel mehr frei als die Nordostecke, welche auf unserer Tafel IV dargestellt ist; der mittlere Theil ist durch einen breiten, jetzt zu Wohnhäusern eingerichteten, Vorbau verdeckt, eine ehemalige Capelle der heiligen Jungfrau. Dieselbe wird seit dem Beginne des fünfzehnten Jahrhunderts häufig erwähnt und scheint sich einer besonderen Vorliebe bei der Gemeinde erfreut zu haben. Das in Stein gemeisselte oder in Holz geschnitzte Bild der Maria war mit mirakulösen Religuien geschmückt und wurde mit Opfern reichlich bedacht. Ueber der Eingangsthür zu der Capelle ist um Ende des sechszehnten oder im Beginne des siebenzehnten Jahrhunderts ein kleines Sculpturwerk angebracht, der heilige Martin zu Pferde sitzend, wie er seinen Mantel an die Nothleidenden verschenkt. An der Nordseite des Thurms findet sich ein merkwürdiges kleines Relief in Sandstein, welches muthmasslich dem vierzehnten Jahrhundert angehört. Es stellt die Kreuzigung dar, zu beiden Seiten des Kreuzes Maria und Johannes, darüber Sonne und Mond, die menschlich geformten Gesichter dem Gekreuzigten zuwendend. Die Marke des Künstlers ist dem Steine eingezeichnet.

Die Westfront, welche unsere farbige Abbildung darstellt, ist — das gemeine Schicksal unserer Kirchen — auch bei St. Martini nie zur Vollendung gediehen. Die Lage des Thurmes vor dem nördlichen Seitenschiffe beweist deutlich, dass es auch hier ursprünglich auf die Anlage zweier Thürme abgesehen war, aber der südliche scheint hier niemals begonnen zu sein. Jetzt ist der für ihn bestimmte Raum und die Vorhalle des Mittelschiffes, welche ehedem mit diesem in Verbindung stand, nun aber durch eine Mauer von ihm getrennt ist, zu einem Schulhause eingerichtet, dessen südliche Front nach der Weser zu mit einem Giebel gekrönt ist. Unsere Darstellung hat sich eine kleine Licenz erlaubt, indem sie den zweistöckigen Bau dieser Schule zu einem einstöckigen machte und dem Character der Kirche mehr anschloss. Auch hat der Künstler im Hintergrunde des Bildes die ehemalige Pyramide des Domthurms erscheinen lassen, welche Jahrhunderte lang von ihrer Höhe auf die niedrig gelegene Kirche von St. Marten herabschaute. Der quadratische Unterbau des Thurms, zum grösseren Theile wie die ganze Kirche aus Ziegelsteinen aufgeführt, erhebt sich, ähnlich wie der Nordthurm von Unser Lieben Frauen, zu vier spitzen Giebeln, über welchen eine achteckige Pyramide emporsteigt.

Wie dürftig auch die Martinikirche in ihren architektonischen Formen erscheint, eins hat sie vor allen Kirchen Bremens voraus und eben dieses tritt auch in unserer Abbildung wirkungsvoll hervor: das malerische Gesammtbild, welches sie von der Wasserseite aus gewährt. Die vier spitzen Giebel, der zwar derbe aber in nicht unschönen Verhältnissen ansteigende Thurm, der rothe Ziegelstein von grünem Epheu üppig überrankt, bieten dem Auge einen wohlthuenden Wechsel von Formen und Farben, dessen Reiz noch erhöht wird durch das zu den Füssen des Baus im Sonnenglanze leuchtende Wasser der Weser, das heute, besser als ehemals eingedämmt, der Kirche nicht mehr so verderbliche Schäden wie in alten Zeiten zufügen kann.

Die Klöster.

Die Zahl der Klöster ist im nordwestlichen Deutschland im Mittelalter nicht gering gewesen, aber verhältnismässig spät ist diese Ausartung mittelalterlicher Askese hieher vorgedrungen zu einer Zeit, wo das Mönchthum bereits aufgehört hatte der hauptsächlichste Förderer der Geistescultur, der Bewahrer der literarischen Schätze der Vorzeit, der vornehmste Träger der historischen Tradition für die Zukunft zu sein. Wol haben die Mönche und Nonnen in Rastede und Hude, in Lilienthal und Osterholz, in Lorenen und Heiligenrode, um nur einige der unserer Stadt nahe gelegenen Klosteransiedlungen zu nennen, sich Verdienste um die Cultur des Landes erworben, aber mit Ausnahme des Rasteder Klosters hat keins von ihnen und überall nur sehr wenige in unserm nordwestlichen Tieflande uns literarische Schätze hinterlassen, welche ihm den Anspruch auf dankbare Erinnerung seitens der Geschichtsforschung geben könnten. Und auch in der politischen Geschichte des Erzstifts haben sie nur theilweise und nur in wenigen Epochen eine hervorragende Rolle gespielt. So hat der Sturm der Reformation sie hinweggeweht, nur hie und da noch die Spuren ihrer Mauern zurücklassend, ohne viel andere Reliquien der Gegenwart zu vererben als Urkunden und Siegel, durch welche ihre Privilegien, ihre Besitzthümer bekräftigt, ihre Rechtsstreitigkeiten normirt wurden.

Hätte man Klöstern solcher Art wol in einer Stadt wie Bremen eine sympathische Stimmung entgegen bringen sollen? Das beschauliche Leben der Benedictiner, der geschäftige Müssiggang der Bettelbrüder konnten dem Sinne einer Bevölkerung nicht eben entsprechen, die von je her nur in angestrengter Arbeit die grossen Schwierigkeiten ihrer Lage zu bemeistern gewohnt war. Und wenn man sich auch aus politischen Gründen nicht in einen Gegensatz zu der Klostergeistlichkeit setzte, sondern selbst auf freundlichem Fusse mit ihr lebte, so hat man doch schon früh ihrer Ausbreitung feste Schranken gezogen, ihren Grunderwerb in der Stadt Bremen und deren nächster Umgebung nach Möglichkeit eingeengt. In der zweiten Hälfte des vierzehnten Jahrhunderts wurde unserm städtischen Statutenbuche ein Beschluss eingefügt, welcher lautete: de radman unde de wisesten de zunt den tho rade warden und der menen stad, dat ze des nicht en willet, dat jhenghe monike meer wonen in unser stad, den predekere unde barvote brodere. Dieser Beschluss aber bezeichnet keineswegs eine Feindseligkeit gegen die beiden genannten Mönchsorden, er könnte eher sogar als eine Begünstigung derselben aufgefasst werden. Politische Klugheit gebot der städtischen Gemeinde ein freundliches Vernehmen mit den Klöstern aufrecht

6*

zu erhalten; im Kampfe gegen die erzbischöfliche Gewalt wuchs die Unabhängigkeit der Stadt empor, und so oft dieser Kampf eine scharfe Form annahm und nun der Erzbischof gegen den Widerstand der Bürger zu den geistlichen Waffen griff, so mussten diese stumpf werden, wenn die Stadt den natürlichen Gegensatz zwischen der Weltgeistlichkeit und der der erzbischöflichen Jurisdiction nicht unterworfenen Klostergeistlichkeit zu ihrem Vortheil zu benutzen verstand. Diese Politik der Stadt fand einen formellen Ausdruck in einem Vertrage, welchen sie im Jahre 1443 mit dem St. Katharinen- und St. Johanniskloster schloss, wonach sich die letzteren gegen die Zusage beständigen Schutzes seitens des Raths verpflichteten auch in Zeiten eines über die Stadt verhängten Interdicts den öffentlichen Gottesdienst fortzusetzen.

Ausser den beiden innerhalb der Stadt gelegenen Bettelordensklöstern der Predigermönche und Barfüsser gab es dicht vor den Thoren Bremens noch eine Benedictinerabtei, die älteste unter den hiesigen Klosteransiedlungen. Die Bremischen Bürgerstöchter haben für sich niemals in unserer Stadt eine Stätte klösterlicher Ruhe gefunden; wenn sie der Welt entsagen wollten, so mussten sie nach dem benachbarten Lilienthal, nach Osterholz oder Heiligenrode flüchten.

Es war kein Schade für das geistige Leben unserer Stadt, dass die drei hiesigen Klöster der einziehenden Reformation alsbald zum Opfer fielen, in dem frischen Luftzug des reformatorischen Lebens war keine Stätte mehr für sie. „Möncke de der wahrheit entjegen sin unde dat Evangelion lestern, schollen mit eren beiden nicht geleden werden", bestimmte die Bremische Kirchenordnung von 1534, und man hatte sich bereits vorher in schonender Weise mit ihnen auseinander gesetzt. Die Benedictinerabtei St. Pauli ist zwar im ersten Sturm der Reformation zu Grunde gegangen, die beiden städtischen Klöster St. Katharinen und St. Johannis sind anderen nützlicheren Zwecken übergeben worden, den Mönchen aber hat man durch Vertrag Wohnung und Lebensunterhalt bis zu ihrem Tode zugesichert.

I. Das St. Pauls-Kloster.

Der Ursprung des Paulklosters ist frühzeitig mit einem Sagenkranze umwoben worden. Ein Graf Traubert von Stotel hatte sich nach einem wilden Kriegsleben, so erzählte man sich hier später, in die Capelle des heiligen Paulus vor der Stadt Bremen zurückgezogen, um hier den Rest seiner Tage in mönchischer Ruhe zu verbringen. Aber erbittert darüber, dass seine väterliche Herrschaft der Kirche zufallen sollte, war er zu seinem alten Leben zurückgekehrt und trieb wegelagernd an öffentlichen Strassen Raub und Plünderung, bis ihn das Geschick ereilte. Gefangen wurde er zu dem Platze seiner Einsiedelei zurückgeschleppt und hier enthauptet. Zum Heile seiner Seele aber erbauten alsdann mit Hilfe des Erzbischofs und des Herzogs von Sachsen an eben jenem Orte die Bremer ein Kloster, welches von den Grafen von Stotel mit reichen Einkünften beschenkt wurde.

In dieser Sage, welche die Phantasie des Volkes mit bunten Farben im einzelnen ausgeschmückt haben wird, ist ein guter Theil historischer Wahrheit enthalten. In der That hatte ein Edler namens Trubert, der wahrscheinlich dem Geschlechte der Herren von Stotel angehörte, ein Vertrauter des Erzbischofs Adalbero, in der Paulicapelle vor der Stadt Bremen ein mönchisches Leben geführt, und nur durch den Tod war er verhindert worden, seine Absicht einer Klostergründung an jenem Orte zur Ausführung zu bringen. Erzbischof Adalbero verwirklichte dann um das Jahr 1130 den Wunsch des Freundes, rief Mönche vom Orden des h. Benedict herbei, weihte einen Abt und stattete das Kloster reichlich mit Gütern aus, welche durch Truberts Verwandte, die Grafen von Wartleth und die Herren von Stotel, vermehrt wurden. Im Jahre 1139, als Bertold schon im achten Jahre Abt des Klosters und dessen Bestand gesichert war, wurde der Stiftung und ihren Gütern vom Erzbischof in feierlicher Urkunde der Schutz der Kirche gewährleistet *). Die Paulicapelle, an welche sich das Kloster anschloss und von der es den Namen erhielt, lag nicht weit vom Osterthore auf einer nach ihr genannten Anhöhe, dem Paulsberge, in der Gegend, welche das Andenken an die alte Abtei noch heute in der Benennung der Paulistrasse bewahrt hat. Muthmasslich war jene Capelle, gleich wie die Anlage auf dem Stephansberge, die in demselben Jahre durch Gründung des Willehadi- und Stephani-Capitels erneute Bedeutung erhielt, ein Rest einer der Schöpfungen Adalberts, welche kein Gedeihen hatten finden können.

Vier Jahrhunderte haben die Benedictiner auf jener Stätte gehaust, ein grosses burgartiges Kloster mit Kirche und Krankenhaus dort errichtet und ohne Zweifel mit allem Luxus der Zeit ausgestattet. Unter den Aebten und Mönchen war der hohe und niedere Adel der Bremischen Diöcese, auch der reichere Bremische Bürgerstand stets vertreten und diese Beziehungen gaben der Abtei eine vornehme Stellung und einen überaus umfangreichen Güterbesitz. Mancher Erzbischof ist hier von den Mönchen festlich bewirthet worden und auch der Rath der Stadt stand oft in freundschaftlichen Beziehungen zu dem Kloster. Als nicht fern von den Grenzen desselben im Jahre 1430 der Bürgermeister Johann Vasmer seine Wortbrüchigkeit mit dem Tode bezahlen musste, da gelang es den Freunden des Hingerichteten seinem Körper in der Kirche der Benedictiner eine Ruhestätte zu bereiten mit der Inschrift: Hir ligget de unschuldige Vasmer, und ihm nach Wiedereinsetzung des alten Rathes auf einer neben dem Grabe angebrachten Tafel ein Ehrendenkmal zu setzen. **)

Aber in dem Wollleben, welches die Mönche in ihrer gesicherten Abtei führten, fand die Wissenschaft, durch deren Pflege sich die alten Benedictiner ein unsterbliches Verdienst um unser Geistesleben erworben haben, wie es scheint keine Stätte. Und in welchem Masse die Kunst etwa bei ihnen heimisch gewesen ist, darüber fehlt uns jede Nachricht. Bis auf den Grund sind Kirche und Kloster zerstört worden und die Schätze wurden freilich vorher geborgen, aber sie sind zerstreut und verloren gegangen. Ein eiserner Kronleuchter, welcher ehemals im

---

*) S. die Urk. im Brem. Ub. I No. 50; es ist die älteste Originalurk., welche sich im Bremischen Archive befindet.
**) Vgl. Denkmale Bd. I, 2, S. 80 ff.

Schmiedeamtshause — der Jacobikirche — hing und jetzt im Gewerbehause sich findet, die Mutter Maria mit dem Kinde von einem Blätterkranze umgeben darstellend, ist der einzige Schmuck, welchen wir mit einiger Sicherheit dem alten Paulskloster vindiciren können. Ein grosser wohlerhaltener Foliant, 1487 in Basel gedruckt, des h. Augustinus Abhandlung de coena domini enthaltend, ist als einziger Rest der Klosterliberie bis heute auf der hiesigen Stadtbibliothek erhalten. Vom Archiv des Klosters ist dagegen ein grosser Theil gerettet worden und in seinem alten Schrein, einem mit trefflichem Eisenbeschlag versehenen eichenen Schrank noch heute in unserer Tresekammer bewahrt. Aber die mehr als dreihundert Urkunden, welche er enthält, beschäftigen sich fast ausschliesslich mit den Güterverhältnissen des Klosters: man gewinnt aus ihnen einen Einblick in die schwierige Verwaltung der weit zerstreut liegenden Besitzungen, aber vergeblich suchen wir nach einer Andeutung über den Bau des Klosters, der Kirche, über ihre innere Einrichtung, nach Angaben über die Art des dortigen Gottesdienstes, über die Thätigkeit der Klosterinsassen für die intellectuelle Bildung ihrer Zeitgenossen.

Als im Jahre 1523 die Spannung zwischen der reformatorisch gesinnten Bürgerschaft Bremens und dem Erzbischof Christof von Braunschweig so stark geworden war, dass man von Seiten des Letzteren eine kriegerische Action gegen die Stadt befürchtete, da tauchte die Besorgnis auf, es möchte das feste Paulskloster zu einer Zwingburg für die Stadt werden. Der Abt Hinrich Junge hegte selbst Befürchtungen für das Schicksal seines Klosters, vor allem für dessen Schätze. Er liess die Kleinodien, Altartafel, das Schnitzwerk der Stühle und Bänke, die Altäre und anderen Schmuck ausbrechen und in die Stadt schaffen und begehrte vom Rathe eine Stätte für sein Kloster innerhalb der Stadtmauern, wogegen man dem das alte niederlegen könne. Wie aber hätte der Rath eben jetzt dem weisen Beschlusse seiner Vorfahren untreu werden und die Errichtung eines neuen Klosters in der Stadt dulden können? Er wies den Mönchen ein vorläufiges Unterkommen beim Domcapitel an und befahl im August des Jahres die Zerstörung der alten Abtei. In Schaaren strömte alsbald das Volk hinaus, das jubelnd in diesem Beschlusse, ungeachtet er nur von strategischen Rücksichten ausgegangen war, die erste That der Reformation, den Anfang der Befreiung von dem gehassten Priesterregimente erblickte, das durch keine Bande der Dankbarkeit oder Ehrfurcht an jenes Kloster gebunden war. Mauern und Gewölbe und Pfeiler wurden zerbrochen, die Steine von dannen gefahren; das Schmiedeamt vollendete das Werk der Zerstörung, dem gewiss manches zum Opfer fiel, dessen Werth noch spätere Jahrhunderte geschätzt haben würden.

Auch die Anhöhe, auf welcher das Paulskloster lag, ist seitdem längst geebnet, selbst die Fundamente, welche uns von dem Umfang, von den Räumlichkeiten der alten Abtei noch erzählen könnten, sind verschwunden, keine bildliche Darstellung, keine Schilderung eines Chronisten macht es möglich das Kloster im Geiste wieder aufzubauen.

2. Das St. Katharinen-Kloster.

Es war um das Jahr 1225, nur wenige Jahre nach der Gründung des Predigerordens durch den heiligen Dominicus, als die schwarzen Brüder ihren Einzug in Bremen hielten. Man wusste später sogar den Tag zu bezeichnen, an welchem derselbe stattgefunden hatte und die Sage berichtete, ein reicher Bürger namens Rembert habe ihnen den Platz für ihr Kloster geschenkt. Ihr Eintritt in Bremens Mauern bedeutete sicherlich nichts gutes. Damals schon und noch Jahrhunderte lang haben die schwarzen Predigermönche die Rolle der päpstlichen Garde gespielt, welche später den Jesuiten zugefallen ist. Mit allen Mitteln der Ueberredung und der Tyrannei haben sie das Netz der Priesterherrschaft über Deutschland auszubreiten geholfen, und was mit dem Pfaffenregimente untrennbar verbunden ist, die Vernichtung jeder individuellen Meinung, einer von der Kirche unabhängigen Wissenschaft mit allen Kräften gefördert. Getreu nach der Absicht ihres Stifters haben sie lange den unwürdigen Ruhm der Ketzerrichter sich bewahrt und ihr trauriges Amt bald mit den groben Mitteln von Feuer und Schwert, bald mit den feineren von Bann und Interdict oder ausschliesslicher Lehrgewalt auf den Kathedern unserer Hochschulen verwaltet. — Auch in Bremen galt ihre erste Predigt einer tyrannischen Ketzerverfolgung. Ihr frühes Erscheinen in unserer Stadt, der Empfehlungsbrief an die Bremischen Bürger, welchen ihnen Gregor IX gleich nach seiner Erwählung zum Papste im Jahre 1227 gab, lassen vermuthen, dass ihr Eintreffen mit der beabsichtigten Verketzerung der Stedinger zusammenhing, und nur zu gut hat sich Erzbischof Gerhard II ihrer für seine politischen Pläne bedient. Schon 1231 erscheinen Dechant und Prior ihrer hiesigen Niederlassung als Visitatoren aller Klöster in den Stiften Bremen und Verden, und ein Jahr darauf gelang es ihnen gar in einer Stunde des Friedens zwischen Gregor und Kaiser Friedrich II von diesem einen Schutzbrief für sich zu erwerben. Kein Wunder, dass sie mit beispielloser Schnelligkeit den bedeutendsten Einfluss in unserer Stadt gewannen, dass sie wahrscheinlich schon 1233 im Besitze einer der heiligen Katharina geweihten Kirche sich befanden.

Aber freilich bezeichnete hier ihr geräuschvoller Anfang auch zugleich den Höhepunkt ihrer Stellung. In den folgenden Zeiten sind sie doch nur wenig hervorgetreten, eine politische Rolle haben sie nicht wieder gespielt. Sie zogen es vor, sich auf ihre kirchlichen Aufgaben zu beschränken, welche ihrem Kloster den Besitz eines nicht unbedeutenden Gütercomplexes, ihnen selbst, dem Armuthsgelübde zum Trotz, eine behagliche Existenz sicherte. So haben sie drei Jahrhunderte hindurch hier gehaust, bis die reformatorische Bewegung ihrem anscheinend unbedeutenden Dasein ein klangloses Ende bereitete. Allerdings hat die Predigt Heinrichs von Züthpen auch in ihnen den alten Geist der Ketzerrichterei wieder gewerkt und ihnen zu heftigen Ausfassungen wider den Reformator und den Rath Anlass gegeben; sie mochten wol fühlen, dass es sich um ihre Existenz handle. Aber der Rath verwies die lautesten Eiferer unter ihnen, den Prior und den Lesemeister, schon im Jahre 1524 der Stadt und schloss einige Jahre später, 1528, das Katharinenkloster gleichzeitig mit dem der Franziskaner völlig. In den Räumen der schwarzen Mönche, „de unse gelt nemen unde uns den düvel geven", wurde bald darnach die neue lateinische Schule eingerichtet, welcher sich seit 1584 die Bremische Hochschule, das Gymnasium illustre, anschloss; und die Mönche zogen es vor, anstatt fruchtlosen Widerstandes im Jahre 1534 ihren Frieden mit der Stadt in einem Vertrage zu machen, welcher dem Prior Hermann Velthusen und sechs Brüdern, „de danet also gefordert", das Bräuhaus, den Keller, die Küche, die neue Gastkammer mit der Dorne (einem heizbaren Zimmer), dazu jedem seine Zelle und noch eine Gastkammer hinter der Liberie und endlich den Gang zu der Sacristei und dem Chore zum lebenslänglichem Gebrauche überliess und jedem eine Rente von 25 Mark jährlich sicherte. Wie lange die Brüder auf Grund dieses liberalen Abkommens hier noch gehaust haben, wissen wir nicht. Küche und Keller waren vielleicht nicht mehr so reichlich versehen, wie ehedem, aber beim kühlen Trunke ihres Biers, das auch in der Stadt seine Liebhaber hatte, werden sie sich den Gram über die schlechteren Zeiten weggetäuscht haben. Als längst die letzten von ihnen ins Grab gestiegen waren und das Kloster nur noch in der historischen Erinnerung lebte, wurde, zu Ende des sechszehnten Jahrhunderts, die Kirche desselben zum städtischen Zeughause umgewandelt. Als solches hat sie bis zum Beginne unseres Jahrhunderts den Ruhm einer mit trefflichen Waffen gefüllten Rüstkammer bewahrt, bis die veränderten Zeiten diese nutzlos erscheinen liessen. Da ging die alte Kirche in die Hände von Privaten über, die würdigen Räume wurden mit Tabaksfässern gefüllt, ihre Fenster vermauert, ihr Giebel durch moderne Vorbauten verdrängt. Tausende gehen heute an ihr vorüber ohne von ihrer Existenz etwas zu ahnen, mühselig sucht der Forscher hinter den Gebäuden, welche sie fast rings umschliessen, aus den Umfassungsmauern, die einzig allen Veränderungen Trotz geboten haben, ein Bild des alten Gotteshauses zu gewinnen.

Das ausgezeichnete Backsteinmaterial, aus welchem die starken Mauern erbaut sind,*) hat sechs Jahrhunderte überdauert, ohne wesentlich beschädigt zu sein, und hat seine grosse Festigkeit auch in dem Augenblicke bewährt, als vor etwa sechzig Jahren die überladenen Packhausböden zusammenbrachen und, was von der inneren Kirchenarchitektur noch vorhanden war, völlig zu Grunde ging.

Dürftig wie die Ueberbleibsel der Kirche und des Klosters sind auch die Nachrichten über ihre Erbauung. Da leider der weitaus grösste Theil des alten Klosterarchivs verloren gegangen ist, so beschränkt sich unsere historische Kunde auf die Notizen, dass vielleicht schon 1233, jedenfalls aber 1253 eine Kirche der heiligen Katharina existirte, schwerlich aber die gleiche, welche erst im Jahre 1285 durch den Bischof Heinrich von Pomesanien geweiht wurde. Denn diese war, wie ihre Reste uns zeigen, im ausgebildeten gothischen Stile erbaut, der erst in der zweiten Hälfte des dreizehnten Jahrhunderts in unsere Gegenden vordrang. Die Katharinenkirche war wahrscheinlich der erste grössere gothische Bau in unserer Stadt, eine dreischiffige hohe und lange Hallenkirche ohne Querschiff und ohne Thurmanlage. Der dreiseitig geschlossene Chor ist, wie ein einer älteren Anlage angehöriger übereck stehender Strebepfeiler an der Südseite zeigt, im vierzehnten oder fünfzehnten Jahrhundert nicht unerheblich erweitert worden. Wir besitzen eine muthmasslich in den ersten Jahren dieses Jahrhunderts angefertigte Innen-

---

*) S. Loschen, Bremisch Jahrb. I S. 509 ff.

ansicht des alten Zeughauses, welche im zweiten Bande der Denkmale mitgetheilt worden ist *); leider aber ist der Autor derselben nicht mit Sicherheit zu ermitteln gewesen und die Richtigkeit der Zeichnung nicht verbürgt. Dürfte sie als richtig anerkannt werden, so würde der auffallendste Umstand der sein, dass nicht Pfeiler sondern Säulen als Gewölbträger erscheinen, das einzige derartige Beispiel unter den Bremischen Kirchen.

An die Südseite der Kirche schloss sich ehedem ein Kreuzgang an, von dessen östlichem Flügel noch heute sieben Gewölbjoche erhalten sind. Sie sind gleich der Kirche in Backstein aufgeführt und ihre birnförmigen Rippen- und Gurtenprofile weisen sie gleichfalls frühestens in die zweite Hälfte des dreizehnten Jahrhunderts. Das reich gegliederte Pfosten- und Maßwerk der Fenster besteht aus gemischtem Material, Portastein und Backstein, und wird gewiss, als noch der ganze Kreuzgang erhalten war, von eindrucksvoller Wirkung gewesen sein. An diesen östlichen Flügel schliesst sich ein der gleichen Zeit angehöriges quadratisches Gemach, dessen vier Gewölbfelder auf einen Mittelpfeiler aufsetzen. Der Boden dieses Gemaches, welches jetzt der seit 1855 bestehenden altstädtischen Realschule als Bibliothek dient, ist neuerdings bedeutend erhöht. Der Zugang zu ihm wird von Süden her durch einen Gang vermittelt, dessen alte Gewölbe gleichfalls noch erhalten sind. Die vor nicht langer Zeit noch vorhandenen Reste des westlichen Kreuzgangarms sind neuerdings fast völlig verschwunden. Aus diesen dürftigen Ueberbleibseln sich ein Bild der alten Klosterräume zu machen, erweist sich als unmöglich, die Anforderungen der neuen Zeiten haben überall zu tief in die alten Verhältnisse eingegriffen, und uns bleibt nur zu beklagen, dass sie an die Stelle künstlerisch bedeutender Räume die nüchternen Profanbauten gesetzt haben, welche heute das grosse Territorium des Katharinenklosters einnehmen. Von dem malerischen Schmucke, welcher einst auch die Klostermauern belebte, kam eine unbedeutende Spur vor anderthalb Jahrzehnten zum Vorschein. Ob mit ihm, mit dem übrigen inneren Kirchenschmucke ein werthvoller Schatz mittelalterlichen Kunstfleisses zu Grunde gegangen ist, bleibt eine ungelöste Frage.

Es war einer der glücklichsten Gedanken des Reformationszeitalters, aus den Stätten, auf welchen die Mönche ihr der Geistescultur so schädliches Leben geführt hatten, Bildungsanstalten für die Jugend zu machen. Und wir dürfen uns heute gestehen, dass die Fülle geistigen Lebens, die Summe neuer Gedanken, welche in den drei Jahrhunderten nach der Reformation aus diesen Anstalten hervorgegangen ist, den Schaden so ziemlich aufgewogen, die Wunden geheilt hat, welche die Zeit der Blüthe des Mönchswesens unserer Nation zugefügt hatten. Dieser Gewinn an geistiger und sittlicher Bildung unseres Volkes sühnt reichlich auch die Vernichtung der architektonischen und bildnerischen Kunstwerke, welche die einzige Gegengabe der Mönche für die Duldung ihres Drohnenlebens waren.

*) S. daselbst Tafel XIV.

3. Das St. Johannis-Kloster.

Weniger geräuschvoll als die Dominicaner zogen etwa zehn bis fünfzehn Jahre später die Minderbrüder oder Barfüsser in Bremen ein [*], deren Orden der heilige Franciscus von Assisi im Anfange des dreizehnten Jahrhunderts gestiftet hatte. Gleich den Predigerbrüdern hatten auch die Minoriten oder grauen Mönche, wie man sie hier nach ihrer Kutte zu nennen pflegte, das Gelübde freiwilliger Armuth abgelegt, aber gleich jenen verstanden sie sehr wol für ihre Gemeinschaft reichen Grundbesitz zu erwerben und ihr Kloster herrlich aufzubauen. Die Kirche derselben redet noch heute in vernehmlicher Sprache zu uns von dem Wolstand und dem Kunstsinn ihrer Erbauer. Unsere historischen Nachrichten über die Bremischen Franziscaner sind überaus dürftig: sie scheinen ein stilles lediglich ihren kirchlichen Aufgaben gewidmetes Leben geführt zu haben, in gutem Einverständniss mit der Bürgerschaft und mit dem Rathe der Stadt. Auch das Verbot weiteren Erwerbs von Grundeigenthum unter Stadtrecht, welches der Rath ihnen bereits im Jahre 1294 ertheilte, scheint das Verhältniss nicht getrübt zu haben. Der Vertrag, durch welchen auch sie gegen Zusage beständigen Schutzes seitens der Stadt sich 1443 zur Fortsetzung des Gottesdienstes in Zeiten des Interdicts verpflichteten, ist bereits erwähnt worden. Ein Jahr zuvor hatten die Minoriten ihr besonderes Vertrauen zu dem Rathe in einer Bestimmung ausgedrückt, nach welcher dieser eine von dem Bruder Johann Hals dem hohen Chore ihrer Kirche verehrte grosse Monstranz mit reichem Edelsteinschmuck [**]) in Verwahrung nehmen sollte, sobald die Gefahr einer Verpfändung oder eines Verkaufs derselben nahe wäre. Wir wissen aber nichts über das Schicksal dieses und anderen Kirchenschmucks, als die Reformation auch dem grauen Mönchskloster ein Ende machte. Gleichzeitig mit dem der Dominicaner wurde auch dieses im Jahre 1528 vom Rathe geschlossen und nach göttlicher Verständigung mit dem Convente 1531 in ein Krankenhaus umgewandelt. Mit den Klosterbrüdern kam es 1534 zu einem ähnlichen Vertrage wie mit den schwarzen Mönchen: auch den Barfüssern liess man ihre Zellen, ihre Liberie und einige andere Räume zu lebenslänglichem Niessbrauche. Mit dem neuen Krankenhause wurden die Güter des St. Gertrudengasthauses in der Martinistrasse sogleich vereinigt, und als im Jahre 1597 das St. Jürgengasthaus in der Hutfilterstrasse abgebrannt war, übertrug man auch dessen Güter auf die jüngere Anstalt, deren Mittel nun zur Pflege armer Kranker, zur Aufnahme dürftiger Wegfahrer und anderer Nothleidenden ein hinlängliches Auskommen boten. Erst als unser Jahrhundert erhöhte Anforderungen an die Krankenpflege stellte, wurde die Anstalt in den alten Klosterräumen aufgehoben und diese selbst vor 40 Jahren niedergerissen, um modernen Strassenanlagen Platz zu machen.

---

[*] Die ersten Minoriten werden in Bremen erwähnt 1221 (Brem. Ub. I No. 217).

[**] Dass ein Klosterbruder zu einem solchen Geschenke befähigt war, beweist wie wenig auch die Einzelnen das Gelübde der Armuth strenge auffassten.

Glücklicher als die Klosterbauten ist die Kirche der Minoriten vor dem Schicksal der übrigen Ordenskirchen bewahrt geblieben. Wie fort und fort dem St. Johanniskrankenhause, so hat sie im siebenzehnten und achtzehnten Jahrhundert lange Zeit einer französischen Gemeinde als Gotteshaus gedient, flüchtigen Protestanten aus den spanischen Niederlanden, vertriebenen Hugenotten aus Frankreich, welche hier ein Asyl gefunden hatten. Mehrfach auch ist sie von städtischen Gemeinden während grösserer Restaurationsarbeiten an den Pfarrkirchen aushilfsweise benutzt worden. Und als die Veränderung der Zeiten auch in unserer protestantischen Stadt die Bildung einer katholischen Gemeinde wieder geduldet hatte, da wurde sie im Jahre 1816, nachdem die Aufhebung des Klosterkrankenhauses beschlossen war, dem katholischen Gottesdienste zurückgegeben.

Und was hat nun die katholische Gemeinde aus der alten Kirche gemacht? Wenn vor mehr als fünfzig Jahren, als die Besitzübertragung erst eben erfolgt war, Storck *) sagen konnte, „die Klosterkirche ist nach dem Dom unstreitig das schönste kirchliche Gebäude in Bremen", so sind wir heute versucht, jenes Lob ohne Einschränkung auszusprechen. Freilich steht der Dom trotz aller seiner Mängel in architektonischer Hinsicht ungleich höher als der einfach gothische Bau der Johanniskirche, den er überdies an imposanter Grösse weit übertragt. Der Dom zeigt in den verschiedenen Theilen seines Baus die Hand denkender Künstler, welche der Materie ein Stück ihres individuellen Lebens aufzudrücken verstanden; in der Johanniskirche walten die mathematischen Formeln der Bauhütte, sie haben das Individium vollkommen verschlungen. Eine Ausnahme hiervon macht höchstens der Frontgiebel der Kirche (s. Tafel V.) wie der ganze Bau in Backstein aufgeführt. Zwei kleine Eckthürmchen flankiren den hohen Giebel, welcher durch spitze doppeltheilige Blendbögen etwas einförmig zwar, aber charaktervoll belebt ist. Freilich zeigt sein Material, da er noch nicht an den Restaurationsarbeiten der letzten Jahre theilgenommen hat, nur zu sehr die Spuren der Jahrhunderte welchen er Trotz hat bieten müssen. Der Giebel führt ein einziges hohes Dach über das dreischiffige Langhaus, über dessen östlichen Ende ein kleiner Glockenthurm als Dachreiter steht; der lange Chor hat seiner geringeren Breite entsprechend ein etwas niedrigeres Dach. Die Süd- und Nordseite und auch ein Theil des Chors sind durch profane Anbauten eingeengt, doch gibt das aus Hanstein gearbeitete alte Masswerk der hohen Fenster auch diesen Bautheilen lebensvolle Abwechslung. Immerhin aber erweckt die Aussenseite der Kirche keine hohen Erwartungen und um so überraschter weilt das Auge des Beschauers beim Eintritt in das Innere auf dem schönen Bilde, welches sich ihm darbietet.

Das ist ein Bau aus einem Guss, da ist nichts Fremdes, nichts Störendes; hier endlich finden wir eine Kirche, deren architektonische Formen vollkommen von einem Gedanken beherrscht werden, die nicht durch Anbauten oder Umbauten ihr stilistisches Gleichmass verloren hat. Ueber acht schlanken Pfeilern wölben sich in einem breiten Mittelschiff und zwei schmäleren Seitenschiffen von gleicher Höhe fünfzehn Joche; durch dieses Langhaus gelangt man unter einem breiten Triumphbogen zu dem um einige Stufen über der Kirche erhöhten einschiffigen Chor, welcher durch zwei fast quadratische Gewölbjoche und den aus sieben Seiten

*) Ansichten der fr. Hansestadt Bremen. S. 297.

eines Zwölfecks gebildeten Abschluss eine sehr beträchtliche Länge gewinnt. Die Pfeiler werden von einem viereckigen Kerne gebildet, an dessen Seiten runde Säulchen vorspringen, während in die Ecken wulstförmige Stäbe eingelassen sind, die aber nicht etwa die Diagonalrippen aufnehmen, sondern sich ohne Capitälunterbrechung bis zum Scheitel der in der Längsrichtung der Kirche zwischen den Pfeilern geschlagenen Bogen fortsetzen. Die Schneidungspunkte der Diagonalrippen und ebenso der Punkt in welchem die acht Rippen des muschelförmigen Chorschlussgewölbes zusammenlaufen, sind mit einem schönen Schlusssteine geziert. Die Quergurten und Diagonalrippen ruhen mit scharfer Kante auf einem kleinen Capitäl, welches die seitlich vorspringenden Säulchen krönt. Die ursprüngliche Basis der Pfeiler ist nicht mehr vorhanden, da die tiefe Lage der Kirche auch hier eine Erhöhung des Bodens nothwendig gemacht hat. Um dieselbe gegen eindringende Feuchtigkeit desto besser zu schützen, hat man sie in neuerer Zeit unterkellert.

In welcher Zeit ist diese Kirche gebaut? Vergeblich befragen wir darum Urkunden und Chroniken; keine Andeutung ist in ihnen enthalten. Und können uns die Steine eine vernehmliche Antwort geben? Die rein gothischen Formen beweisen, dass der Bau frühestens der zweiten Hälfte des dreizehnten Jahrhunderts angehören kann und die strenge Linienführung der Architektur, in welcher noch gänzlich jeder unconstructive Schmuck vermieden ist, zeugt dafür, dass er vor dem Ende des vierzehnten vollendet war. Aber die glänzende Entwickelung des Chors, von der uns das dreizehnte Jahrhundert in unserer Stadt kein Beispiel liefert, das reiche Masswerk der hohen Fenster sprechen, wie mir scheint, für das vierzehnte. Und wenn wir uns erinnern, dass der Chor von St. Martini, welcher dem der Johanniskirche so sehr gleicht, dass er wie eine Copie dieses Baus aussieht, wahrscheinlich um 1380 aufgeführt wurde, so liegt die Vermuthung nahe, dass unsere Kirche nicht lange zuvor entstanden ist, in jener zweiten Hälfte des vierzehnten Jahrhunderts, welche in vielen Rücksichten als die glänzendste Epoche der Geschichte unserer Stadt sich darstellt. Wir wissen wie die furchtbare Plage der Pest, welche im Jahre 1350 zum ersten Male Bremen heimsuchte, auch hier den religiösen Sinn der Masse anregte, sie zu reichen Schenkungen an die Kirche willig machte; vielleicht haben die zahlreichen Seelmessen, welche zum Heile der so plötzlich vom Tode dahingerafften Lieben gestiftet wurden, auch unsere Franziscaner in den Stand gesetzt ihre schöne Kirche aufzubauen, wie dies von dem Convente desselben Ordens in Lübeck berichtet wird.

Gewiss haben auch die Minoriten den Mauern und Pfeilern ihres Gotteshauses, dem Glas der Fenster durch die Farbe Leben und Schönheit gegeben; dieser Schmuck ist hier wie anderswo durch die Zeit vernichtet. Hier aber hat es nun die neueste Zeit, die katholische Gemeinde verstanden, ihrer Kirche den Schmuck zurückzugeben, schöner vielleicht, als er jemals gewesen ist. Die weisse Tünche ist von den Pfeilern, den Gewölben, den Seitenwänden durch einen matten gelben, an der Süd- und Nordmauer unterhalb der Fenster durch einen bläulichen Farbenton verdrängt, die Capitäle der Dienste, die Kanten der scharf profilirten Rippen, die Ecken der Gewölbkappen, die Schlusssteine der Gewölbe sind durch geschmackvolle Vergoldung geziert. Die zehn Fenster des Langhauses führen diesem durch buntes Glas in matten Farben ein gedämpftes aber doch reichliches Licht zu, welches, da es nirgendwo auf weisse Flächen fällt, auch keinerlei scharfe Reflexe erzeugt. Und wenn das Auge durch dieses weich abgetönte

Licht der grossen Halle hindurchschaut zum Chore, mit welchem Behagen ruht es dann auf den satten und glänzenden Farben der sieben schmalen Schlussfenster, welche die Lichtstrahlen in der mannigfaltigsten Weise brechen und ein weihevolles Halbdunkel über dem Chore ausbreiten. Die reiche Farbenwirkung wird noch erhöht durch die unter den Fenstern des Chors bis auf den Boden herabhangenden gewebten Teppiche, welche ein einfaches rothes Muster auf blaugrünem Grunde zeigen.

Unter dem Bogen, welcher das zweite Gewölbjoch des Chors von dem siebenseitigen Schluss scheidet, steht ein prachtvoller Altar, von einem Mitgliede der Gemeinde jüngst gestiftet. Ein hoher gothischer Aufbau mit reichem Figurenornament ist aus feinkörnigem weissgrauen Sandstein aufs schönste herausgearbeitet, auf einer kleinen Vorderfläche ist in Weiss und Gold die Verkündigung gemalt. Eine Kanzel aus dem gleichen Material, ebenfalls in gothischen Formen gemeisselt, bildet den einzigen Schmuck des Mittelschiffs.

Sollen wir denn wirklich den Katholiken das schöne Vorrecht lassen, ihre Kirchen würdig auszustatten, ihnen den Charakter eines vor anderen geweihten Raumes zu geben? Hunderte von katholischen Kirchen Deutschlands und mit ihnen unsere Johanniskirche liefern heute den Beweis, dass die bildende Kunst ihres Ursprungs noch eingedenk ist, dass sie den Aufgaben gerecht zu werden weiss, welche ihr die Kirche stellt. Sollen wir ihrem Beispiel nicht nacheifern? Glücklicherweise haben wir eine moderne protestantische Kirche in unserer Stadt, die Rembertikirche, welche einen erfreulichen Anfang in der bildnerischen Ausschmückung gemacht hat. Möge sie mit der Johanniskirche bald den übrigen Bremischen Gotteshäusern ein Vorbild werden.

Die Deutschordens-Capelle.

Es ist bekannt wie Bremische Bürger wetteifernd mit solchen aus Lübeck während des dritten Kreuzzuges vor Accon zur Pflege der zahlreichen kranken Kreuzfahrer ein Hospital errichteten, an welches sich demnächst der Ursprung des grossen deutschen Ritterordens knüpfte.*) Nach ihrer Rückkehr haben sie vielleicht das im fernen Osten ruhmvoll begonnene Werk der Nächstenliebe in ihren heimischen Mauern fortgesetzt und hier das Heiligengeist-Spital an der Osterthorstrasse begründet, dessen Existenz uns aus dem Beginne des dreizehnten Jahrhunderts bezeugt ist. Es mußte außer dem Krankenhause und einer Wohnung für die Spitalbrüder nach der Sitte der Zeit auch eine kleine Capelle. Nicht lange darnach kamen einige Ritter des schnell über Südeuropa und Deutschland verbreiteten deutschen Ordens nach Bremen und bemächtigten sich, da ihre Ordensregel ihnen auch den Spitaldienst vorschrieb, bald jener Stiftung und wußten es, trotz anfänglicher Schwierigkeiten, dahin zu bringen, dass Rath und Bürgerschaft ihnen im Jahre 1244 das Eigenthum an dem ehemaligen Heiligengeisthaus zuerkannten, das jetzt bereits im Volke den Namen des Deutschen Hauses führte. Mehr als drei Jahrhunderte sind die ritterlichen Herren im Besitze der Anstalt geblieben, welche zahlreiche Güter in der Stadt und der Umgegend erwarb und lange Zeit segensreich gewirkt hat, bis die Verknöcherung des Ordens auch auf die Bremische Comthurei zurückwirkte, die Ritter im üppigen Wohlleben ihres Zweckes vergassen, und, wie schon Rudolf von Habsburg vorausgesehen hatte, in dem Besitze der Pfründe den Inhalt ihrer Lebensaufgabe sahen. Da musste sich der Bremische Bürgerstolz gegen diese fremde Rittergesellschaft aufbäumen: die erste Hälfte des fünfzehnten Jahrhunderts ist angefüllt mit Prozessen höchst widerwärtiger Art gegen die ritterlichen Comthure. Auch die Einsetzung Bremischer Bürgersöhne in die Comthurstelle konnte in der zweiten Hälfte jenes Jahrhunderts den allmählichen Verfall des deutschen Hauses nur wenig verzögern. Unter Jasper von Münchhausen kam es am Beginne des sechszehnten zu den ärgerlichsten Skandalgeschichten und über seinen zweiten Nachfolger, Rolf von Bardewisch, brach der lange angesammelte Zorn der Bürgerschaft in blutiger Gewaltthat los. Er wurde inmitten der revolutionären Bewegung der 104 Männer, unter dem falschen Verdachte im Besitze des Bürgerweidebriefes zu sein, am 10. Mai 1531 schmählich ermordet, die Kirche und das Ordenshaus wurden

*) S. Ehmck. Brem. Jahrb. II S. 166 ff

geschändet, ihre Schätze vernichtet, geraubt und zerstreut. Und wenn dann auch der Rath ein gütliches Abkommen mit den Hinterbliebenen des Comthurs und mit dem Orden traf, das Verhängniss war nicht mehr aufzuhalten, welchem die nach Einführung einer geregelten Krankenpflege völlig nutzlos gewordene Commende anheimfiel. Durch Verträge aus den Jahren 1560 und 1564 erwarb die Stadt alle Rechte an der ehemaligen Comthurei und ohne Widerspruch nahm der Rath die ausgedehnten Güter derselben in Besitz als am 7. Juli 1583 der letzte Comthur, Johann von Damstorff, ein Mann von fast hundert Jahren die Augen schloss. *)

Nun wurde das alte Spital zum städtischen Marstall umgewandelt, die Capelle geschlossen, in dem Wohnhause der Ordensritter bald darnach die Münze eingerichtet. Im Anfange unseres Jahrhunderts ging der ganze Bautencomplex in die Hände von Privaten über, und jetzt wurde die Capelle, gleich der alten Katharinenkirche in ein Packhaus verwandelt, die anderen Gebäude zu modernen Wohnhäusern umgebaut, und heute erinnert fast nur noch der Name der im Jahre 1806 angelegten Comthurstrasse an die alte Stiftung.

Doch nicht allein. Die Umfassungsmauern der Capelle, ihre Strebepfeiler, einzelne Theile ihrer inneren Architektur, und selbst ein unteres Geschoss des Ordenshauses sind noch erhalten **) und können uns von der Geschichte der Stiftung ein weniges berichten. Man hat aus ihnen und einigen urkundlichen Nachrichten geschlossen, dass sie aus den ersten Decennien des dreizehnten Jahrhunderts, aus den frühesten Jahren der Bremischen Ordensniederlassung herrührten, ja zum Theile sogar älter als die hiesige Deutschherrencommende seien. ***) Aber die Architektur widerstreitet dieser Ansicht, ihre vollkommen gothische Stilisirung verweist den Bau in die zweite Hälfte des Jahrhunderts. Er wird ungefähr gleichzeitig mit der Katharinenkirche errichtet sein, unmöglich aber kann er denselben Jahren entstammen, welchen die Ansgarii- und Martinikirche ihr Entstehen verdankten. Die Kirche des Deutschen Hauses, welche im Jahre 1242 erwähnt und im Jahre 1257 ausdrücklich als ecclesia sancti Spiritus, Heiligengeistkirche, bezeichnet wird,†) war ohne Zweifel die alte Capelle des Spitals, deren Reste Löschen in den Grundmauern des späteren Gebäudes erkannt hat. Wie hätte auch der Orden, welcher erst 1244, wie wir sahen, Eigenthümer des Heiligengeistspitals wurde, bereits vorher bedeutende Bauten auf dessen Grund und Boden aufführen sollen? Erst als seine Mittel durch ansehnliche Schenkungen sich vermehrt hatten, errichtete er die geräumige Curie, deren Reste uns erhalten sind, baute er an Stelle des Bethauses der Spitalbrüder eine grössere Capelle. Ein Ablassbrief, welchen Bischof Emund von Curland im Jahre 1283 zu Gunsten der neuen Capelle ausstellte, wird ungefähr die Bauzeit der Comthureigebäude bezeichnen. ††) Diese neue Capelle war auch nicht mehr dem heiligen Geist

---

*) Die Geschichte der Bremischen Commende ist von Schumacher in Bremisch. Jahrbuch II S. 164 ff. eingehend dargestellt worden.

**) Siehe Löschen, Brem. Jahrb. a. a. O. S. 344 ff. und die beigegebenen Abbildungen der Aussenansicht der Capelle, des Grundrisses, Querschnitts und einzelner Architekturtheile.

***) Schumacher nimmt an, die Capelle sei ein Theil des alten Heiligengeistspitals und mit diesem in den Besitz des Ordens übergegangen (a. a. O. S. 192); Löschen hat die Spuren einer älteren Capelle entdeckt, welche zu dem Spital gehört haben wird, nimmt aber an, die jetzt noch stehende sei in den ersten Decennien des 13. Jahrh. erbaut und jedenfalls 1242 vollendet gewesen. (a. a O. S. 345).

†) Brem. Ub. I No. 220 und No. 276.

††) Ich stimme darin überein mit Barkhausen, freie Hansestadt Bremen S. 90, gegen Schumacher, a. a. O. S. 340.

im Beginn des elften Jahrhunderts an Stelle einer durch Feuer zerstörten eine neue Capelle zu Ehren Willehads erbaute, dieselbe, bei der dann Adalbert das Capitel errichtete, welches später auf den Stephansberg verlegt worden ist. Am Ende des zwölften Jahrhunderts kam sie, wie bereits früher erwähnt, in den Besitz des neu begründeten Anschariicapitels, welches sie um 1220 dem Dompropst abtrat. In dessen Patronat scheint sie dann bis zur Reformation hin verblieben zu sein. Auf ihrem Kirchhofe wurden, einem besonderen Privileg gemäss, die in Bremen verstorbenen Fremden bestattet,*) und ein anderes Vorrecht bestimmte, dass ihr Priester alle auf der sogenannten Domsfreiheit, unter den Bediensteten der Domscurien geborenen Kinder taufen solle. Dies hörte freilich auf, als um 1300 der Thurm der Kirche mitsammt der in ihm befindlichen Taufe verbrannte,**) obwol an Stelle desselben im vierzehnten oder fünfzehnten Jahrhundert ein neuer gesetzt wurde. Im Jahre 1528 schloss der Rath gleichzeitig mit den beiden städtischen Klöstern auch die Willehadikirche und liess sie bald darauf zum städtischen Zeughause einrichten, bis ihr beschränkter Raum den grösseren Bedürfnissen nicht mehr genügte, und die Schutzwaffen der Stadt in die Katharinenkirche übersiedelten. Nun wurde im Jahre 1598 die alte Kirche zum städtischen Hopfenmagazin gemacht und so hat sie lange im Munde des Volkes den Namen der Hopfenkirche getragen. Als die Zeit diese ihre Bestimmung unnütz gemacht hatte, ging auch sie in Privathände über, die Umwandlung in ein Packhaus war auch ihr Schicksal, bis sie endlich als Weinlager ihr Dasein beschloss. Der Bau der neuen Börse hat im Jahre 1860 völlig zerstört was von ihr durch alle Umwandlungen hindurch sich noch erhalten hatte.

Die damals abgebrochenen Mauern waren ohne Zweifel nicht die gleichen, welche Erzbischof Unwan einst erbaut hatte; sie müssen dem zwölften oder dreizehnten Jahrhundert angehört haben, der Zeit des Spätromanismus, und der Chor liess deutlich eine in gothischer Zeit vorgenommene Erweiterung erkennen. Die alten Umfassungsmauern mit ihren Strebepfeilern und die Fundamente der ehemaligen Arkadenpfeiler ergaben, dass die kleine Kirche in drei Schiffen neun quadratische Gewölbjoche gehabt hatte, ein schönes romanisches Capitäl mit reichem Ornament liess eine geschmackvolle Ausführung des Baus vermuthen. An das Langhaus schloss sich ein Chor, dessen ehemalige halbrunde Apsis in einem Fundamente wieder zu Tage trat. An Stelle dieser Apsis aber hatte man, vielleicht am Ende des dreizehnten oder im vierzehnten Jahrhundert, dem bedeutend verlängerten Chor einen dreiseitigen Abschluss gegeben, dessen hohe dreitheilige Fenster noch gothisches Maasswerk trugen und dessen noch erkennbare Rippenansätze ein birnenförmiges Profil zeigten. Es ist merkwürdig genug, dass selbst diese kleine Kirche dem gesteigerten Cultusbedürfniss des späteren Mittelalters ihren Zoll hat zahlen müssen.

Nächst der Willehadicapelle scheint die Jacobikirche die älteste unter den kleinen Cultusstätten unserer Stadt gewesen zu sein. Der heil. Jacobus, der Schutzpatron der Pilger, hat sich auch in Bremen grosser Verehrung zu erfreuen gehabt, Wallfahrten nach seinem weit entfernten Haupttheiligtum, Compostella, wurden selbst von hier aus unternommen; und so ist es kein Wunder, dass sich hier Jacobsbrüderschaften bildeten, dass dem Jacobus schon frühzeitig eine Kirche in unserer Stadt geweiht wurde. Es ist bereits oben erwähnt worden, dass sie gegen

---

*) S. Brem. Ub. I Nr. 458 und II Nr. 195.
**) Vergl. Brem. Ub. II Nr. 875.

Schluss des zwölften Jahrhunderts von dem Bremischen Bürger, Gerhard von der Kemenade, gestiftet und dass sie demnächst, um 1220, dem Anschariicapitel übertragen wurde, welches bis zur Reformation hin in ihrem Besitze blieb. Gleich nach Einführung der evangelischen Lehre soll der Rath sie dem Schmiedeamt für dessen Verdienste um die Zerstörung des Paulsklosters überwiesen haben. So wurde sie zum Schmiedeamtshaus umgewandelt und behielt diese Eigenschaft bis zur Aufhebung der Zünfte im Jahre 1861. Schon lange zuvor aber, im Jahre 1697, war der grösste Theil der Kirche muthmasslich wegen Baufälligkeit niedergerissen worden und nur der Chor blieb erhalten. Als sie dann in Privatbesitz überging, wurde auch dieser einer grossen Veränderung unterworfen. Sein östlicher Abschluss freilich, von drei Seiten eines Achtecks gebildet, blieb unverändert, das Gewölbe und das Dach blieben bestehen; die runden Säulchen zwischen den Fenstern, mit einem hässlichen Capitäl versehen, und die von ihnen getragenen Rippen sind noch erhalten; aber unter dem alten Gewölbe wurde ein zweites geschlagen, welches den Chor in zwei Stockwerke getheilt hat, um ihn für die Zwecke einer Gastwirthschaft brauchbar zu machen. Durch Erweiterungen des Gewölbes nach der Nord- und Südseite, durch Anbringung grotesker Menschenköpfe an Stelle von Consolen zur Anlnahme der Rippen wurden so zwei Räume von höchst eigenthümlicher Form und Wirkung hergestellt. In der inneren Gestaltung wird heute nicht leicht Jemand die alte Kirche noch erkennen, deren Abschluss freilich äusserlich noch deutlich zu Tage liegt. An der Aussenmauer eines modernen Anbaus der Kirche findet sich ein in Sandstein ausgeführtes Relief der Kreuzigung, welches seiner Umschrift zufolge aus dem Jahre 1423 herrührt; aber erst bei dem Umbau hier eingesetzt und an den Ecken mit vier sehr schön in Thon gebrannten Reliefs, die Zeichen der vier Evangelisten darstellend, geziert ist, welche vielleicht ehedem in einer unserer Kirchen als Gewölbschlusssteine gedient haben.

Auf dem der Kirche benachbarten Kirchhofe befindet sich über einem Brunnen eine interessante kleine Statue des Jacobus aus Sandstein, deren photographische Abbildung (s. Tafel IV) der Bedeutung des Werkes angemessen erschien, obwol die Beschädigungen, welche namentlich das Gesicht erlitten hat, den Eindruck stören. Das Werk wird muthmasslich dem vierzehnten Jahrhundert angehören. Es ist keineswegs fein in der Behandlung des Gewandes, aber in der Auffassung überaus charakteristisch: der breite nach rückwärts gesetzte Pilgerhut, der Stock in der Rechten, ein Trinkgefäss, welches am linken Arme hängt, der zurückgeschlagene Mantel, welcher ein rüstiges Ausschreiten ermöglicht, der in die Ferne gerichtete Blick, alles zeigt dem Beschauer den auf der Wallfahrt begriffenen Pilger, der hier einen Augenblick seine Schritte anhält, um Umschau zu halten nach dem ersehnten Ziele seiner Wanderung.

Ein wenig weiter westwärts, ungefähr da wo jetzt die Kaiserstrasse die Hutfilter- und Molkenstrasse durchschneidet, lag ehedem die Nicolaiscapelle. Sie wird in der zweiten Hälfte des dreizehnten Jahrhunderts zuerst erwähnt*) und war muthmasslich kurz zuvor erbaut worden. Ueber die Art ihres Baus, über ihre kirchliche Stellung wissen wir nichts. Gegen Ende des sechszehnten Jahrhunderts, nachdem sie lange Jahre wüste gelegen hatte, bestimmte der Rath sie zur Einrichtung des ersten Bremischen Waisenhauses, welches erst nach der französischen Zeit mit dem sog. blauen Waisenhause an der Hutfilterstrasse vereinigt wurde.

*) Brem. Ub I. Nr. 339.

Eben so dürftig sind wir über die Marien-Magdalenen Capelle unterrichtet. Sie stand zwischen dem erzbischöflichen Palaste, dem heutigen Stadthause, und dem Rathhause, da wo jetzt das Staatsarchiv sich befindet, und diente als erzbischöfliche Hofcapelle. Ihr Name wird zuerst im Jahre 1314 genannt, doch in einer Weise die auf eine längere Vergangenheit schliessen lässt.[*] Vielleicht hatte Erzbischof Giselbert, welcher das Palatium in Bremen erneuerte, auch diese Capelle erbaut.

Südwärts von der ehemaligen Willehadicapelle, zwischen der heutigen Marktstrasse und der Tiefer, lag endlich die St. Jürgencapelle, deren Schicksale wir durch vier Jahrhunderte verfolgen können.[**] Sie scheint ursprünglich die Hauscapelle eines Domherrn gewesen zu sein und ihr Priester hatte die Berechtigung, Memorien im Chore des Doms zu feiern, zu dessen Vicaren er gehörte. In solchen Beziehungen zum Dom wird sie uns seit 1267 mehrfach genannt. Im Jahre 1328 trat Erzbischof Burchard mit Zustimmung des Domcapitels die Curie nebst der St. Jürgencapelle an das Kloster Hude ab, in dessen Besitz sie zwei Jahrhunderte verblieb. Als aber im Jahre 1533 das Kloster zerstört worden war, übergab der letzte Abt desselben, Liborius Lipke, den Huder Hof in Bremen den Grafen von Oldenburg und Delmenhorst, damit diese Herren, wenn sie einmal in Bremen zu übernachten wünschten, ihre eigene Wohnung hätten und zugleich der Hauscapelle sich bedienen könnten. Nach seinen neuen Besitzern wurde das Grundstück jetzt der Delmenhorster Hof genannt, auch dann noch als die Grafen ihn zur Belohnung für geleistete Dienste einem ihrer Getreuen geschenkt hatten. Im Jahre 1692 hegte der kaiserliche Ministerresident in Bremen, von Kurzrock, die Absicht, den Delmenhorster Hof zu erwerben; kaum hatte der Rath davon Kunde erhalten, als er aus Besorgniss, dass der kaiserliche Resident unter dem Schutze seiner Immunität die alte Capelle zum katholischen Gottesdienste herrichten möchte, in aller Stille den Ankauf des Hofes für Rechnung der Stadt beschloss und ausführte. Der Rath liess nun die Capelle, die theilweise schon seit mehr als zwanzig Jahren als Pferdestall gedient hatte, zu zwei Wohnungen herrichten, und schon die nächste Generation hatte keine Erinnerung mehr an den ehemaligen Charakter des Gebäudes, nach dessen Spuren wir jetzt vergeblich suchen.

So war die Bremische Altstadt im Mittelalter mit dreizehn, oder wenn es wirklich in der Osterthorstrasse noch eine Zwölf-Apostel-Kirche gab, über welche die Nachrichten sehr unsicher sind, mit vierzehn kirchlichen Gebäuden geschmückt. Und zu dieser grossen Zahl kamen noch vier hinzu, welche dicht vor den Thoren der Stadt lagen, die bereits besprochene Kirche des Paulsklosters, die St. Rembertiecapelle, die St. Michaeliscapelle und die Capelle St. Johannis des Nackten. Auch über diese drei sind wir sehr spärlich unterrichtet.

Die Remberticapelle wird zum ersten Male im Beginne des vierzehnten Jahrhunderts genannt. Sie gehörte zu dem muthmasslich im voraufgehenden Jahrhundert begründeten Hospital, welches vornehmlich zur Aufnahme der Aussätzigen bestimmt war; und lange Zeit kommt sie nur unter dem Namen der ecclesia oder capella leprosorum, der Kirche oder Capelle der Aussätzigen, vor[***], wie denn auch das Hospital erst seit Beginn des 15. Jahrhunderts mit dem

---

[*] Brem. Ub. II Nr. 146. S. 152.

[**] Hiese Capelle u. Georgii hat zu dem St. Jürgenhospital keinerlei Beziehungen.

[***] Als capella b. Reynberti kommt sie zum ersten Male im Jahre 1306 vor.

Namen des heil. Rimbert bezeichnet wird. Der Rath hatte schon frühzeitig das Patronat über die Capelle, die muthmaasslich auf städtische Kosten erbaut war. Seit dem Ende des fünfzehnten Jahrhunderts finden wir die Kirche im Besitze von Pfarrgerechtsamen, ohne dass aber diese schon gesetzlich bestimmt gewesen wären. Ueber den Bau der ältesten Rembertiscapelle ist uns nichts bekannt; sie wurde im Jahre 1547, als sich die kaiserlichen Völker zur Belagerung der Stadt heranzogen, auf Befehl des Rathes niedergebrochen, und erst im Jahre 1596 an ihrer Stelle eine neue erbaut, der man ein fest begrenzter Pfarrsprengel überwiesen wurde. Diese neue Capelle machte im Jahre 1736 wieder einen anderen Bau Platz, der vor wenigen Jahren durch die stattliche Kirche ersetzt wurde, welche sich heute auf der alten Stelle erhebt.

In der westlichen Vorstadt, wo heute noch der Name des alten Michaeliskirchhofs an sie erinnert, lag die St. Michaelis-Capelle. Im zwölften Jahrhundert hat bei ihr, es ist ungewiss wie lange, ein Nonnenconvent bestanden, welcher um 1190 nach Bergedorf im Oldenburgischen verlegt wurde. Die Capelle aber erhielt sich bis ins sechszehnte Jahrhundert hinein. Vielleicht war sie eine Patronatskirche der Herren von Walle, welche sie im Jahre 1350 einmal als „unsere Kirche" bezeichnen,[*] und dieser Umstand würde es erklären, dass im Jahre 1524, wie berichtet wird, als bald nach der Zerstörung des Paulsklosters auch die Michaeliscapelle aus strategischen Rücksichten auf Befehl des Rathes niedergelegt worden war, das Baumaterial nach dem Dorfe Walle geschafft und hier zum Aufbau der kleinen Capelle verwandt wurde, welche ehedem an der Stelle der jetzigen grösseren Dorfkirche stand.

Nicht fern von der Michaelis-Capelle, wahrscheinlich etwas weiter westwärts, lag endlich die Capelle St. Johannis des Nackten. Wir hören ihren Namen zum ersten Male im Jahre 1229 gelegentlich der Bestimmung der Kirchspielsgrenzen, zum letzten Male im Jahre 1524, wo sie das gleiche Schicksal mit der Michaeliscapelle erlitt. „Im jare 1524, heisst es in der Chronik, ward dalgebraken des Koopmans karcken bi der windmölen, St. Johannis to den Nakeden geheten". In welchen Beziehungen die Capelle zur Kaufmannschaft stand, vermögen wir nicht mehr zu bestimmen; vielleicht hat auf diese ihre besondere Stellung der Montags-Gottesdienst Bezug, der im vierzehnten Jahrhundert in ihr gefeiert wurde;[**] vielleicht rührt es daher, dass hier der Schiffer, wie uns berichtet wird, ehe er den heimischen Hafen verliess und wieder wenn er nach langer Seefahrt glücklich heimgekehrt war, seine Bitten und sein Dankgebet zum Himmel sandte. „Do foren de schepe ock woll" setzt der Chronist hinzu. So knüpfte die kleine verschwundene und vergessene Capelle lange Zeit hindurch das Band zwischen den beiden Faktoren welche das materielle und das geistige Leben Bremens vorzüglich beherrscht haben, zwischen dem Seehandel und der Kirche. Es ist wol recht, dass wir bei ihr von der langen Wanderung durch die Bremischen Kirchen rasten.

---

[*] Brem. Ub. II. No. 615.
[**] Urk. von 1364 (Brem. Ub. III No. 231) platea qua itur Israeliter ad capellam s. Johannis